Rendez-vous avec la mort

Salomon Ickovič

Rendez-vous avec la mort

récit

Traduit du tchèque par Michel London

Flammarion

Avec le soutien de la Fondation pour la Mémoire de la Shoah.
ISBN : 978-2-0804-6063-9

Préface

Une histoire à hauteur d'homme

L'historien préfacier prend en général bien soin de souligner, d'abord, l'intérêt historique d'un ouvrage que, de fait, je vous invite à ce titre à découvrir. Je m'autoriserai à y accéder par un chemin de traverse. Tous ceux qui ont eu la chance, comme moi, de lire ce texte vous le diront : il se lit comme un thriller. Le parcours d'un aventurier qui s'appelait Salomon Ickovič.

Résumons ce qu'il en est : la prison en Roumanie parce que communiste ; l'engagement dans les Brigades internationales auprès de l'Espagne républicaine et les blessures au combat ; les camps d'internement en France au sortir de la glorieuse et finalement triste guerre d'Espagne, annonciatrice dramatique de la suite ; sur ordre du parti, l'envoi en Allemagne en mars 1941 pour y mener campagne de propagande, et une première évasion grâce à l'ingénieur allemand dont il dépendait, et qui, ayant deviné qu'il était juif, lui conseille de fuir et lui fournit de vrais-faux papiers ; le travail clandestin au sein de la fameuse MOI (main-d'œuvre immigrée) et de sa branche armée, les FTP, avec les amis et camarades de combat tchécoslovaques ; l'arrestation puis l'internement au fort de Romainville, près de Paris, l'un des rares camps dirigés par les autorités allemandes ; le transfert à Drancy d'où il tente par deux fois de s'échapper, avant de réussir à la troisième tentative dans le train qui l'emmène vers les centres de mise à mort, où furent gazées sa mère et quatre de ses sœurs ; la participation aux combats de la libération de Paris.

Tel est le cadre qui rend compte de la vie de ces révolutionnaires professionnels venus d'Europe centrale, juifs pour la plupart, fuyant les persécutions antisémites et la répression anticommuniste, et prêts à combattre là où le combat les appelle. Des communistes étrangers que l'on croise, nombreux, en Espagne puis dans la Résistance française.

L'itinéraire de Salomon Ickovič est singulier et le livre en rend compte. On n'y trouvera pas d'analyses politiques sur l'état du monde ou de présentation des structures de la Résistance, même si l'on devine les unes et les autres. C'est une histoire à hauteur d'homme. C'est bien à partir de son ressenti, de son vécu personnel, de telle ou telle anecdote (elles sont si nombreuses), de ses rencontres (car la place est largement faite à ses complices de tous les combats pour la liberté contre le fascisme et le nazisme), qu'il nourrit des mémoires d'une précision exceptionnelle, s'appuyant manifestement sur des notes prises rapidement après-guerre et sur une rédaction close vingt-cinq ans après. Comme pour tout exercice mémoriel de ce genre, l'historien notera des imprécisions ou des erreurs ici ou là, mais elles viennent presque à l'appui de la vérité de son témoignage. Passons sur certaines dates, d'autant qu'elles sont souvent assez justes ou, quoi qu'il en soit, sans conséquence sur le récit. Il y a aussi ce qui est lié soit au ressenti de l'auteur, soit à la mauvaise appréhension de ce que… les policiers et les gardiens allemands savent de ce qu'il est et de ce qu'il a fait. Le moment où il se trouve au fort de Romainville puis est transféré à Drancy en donne un parfait exemple. Le fort, sous administration allemande, a connu plusieurs catégories d'internés. Il servit ainsi à plusieurs reprises de réserve d'otages. L'ambiance était telle que nombre de ces hommes ont cru que les exécutions se faisaient au sein même du fort, dans un coin reculé, alors que les otages étaient transférés au Mont Valérien. Il est – apprend-on dans les archives du fort – un détenu « sous enquête ». En d'autres termes, on n'a rien à ce stade de précis contre lui et, comme on le devine dans son témoignage, il a de fausses identités particulièrement bien faites. Quand Himmler exige qu'on transfère massivement du monde dans les camps de concentration du Reich pour y exploiter une main-d'œuvre esclave dans l'industrie de guerre, ses camarades de détention sont envoyés via Compiègne. Lui, il est juif. On ne sait pas qu'il est FTP ; il va donc suivre l'itinéraire réservé aux juifs de France : le camp de Drancy avant transfert dans les centres de mise à mort. C'est bien parce qu'ils ne connaissaient guère son engagement résistant que les Allemands l'envoyèrent là. Mais cela, Salomon Ickovič ne pouvait pas le savoir.

Cette lecture à laquelle ô combien je vous invite vous permet d'appréhender la grande Histoire, souvent méconnue mais fortement mise en lumière le 21 février 2024 avec la panthéonisation de Missak Manouchian, le chef militaire des FTP parisiens à l'été et à l'automne 1943, et le destin de tous ces combattants étrangers qui ont été si nombreux à lutter dans la Résistance en France. Elle vous permet de le faire en suivant une histoire dans l'Histoire, histoire si singulière, histoire si exceptionnelle.

Denis Peschanski

Introduction

À propos de Salomon Ickovič

Rendez-vous avec la mort. Le titre de ce livre vient de lui. Ce sont les rendez-vous que Salomon Ickovič a eus en Espagne, en combattant dans les rangs des Brigades internationales, puis en France, en s'engageant dans la Résistance. Rendez-vous extraordinaires, rendez-vous heureusement manqués grâce à son courage, à son intelligence, mais aussi à une chance non moins extraordinaire, et qu'il nous raconte dans ses mémoires.

Salomon Ickovič est né en 1911 en Ruthénie subcarpathique, province du royaume de Hongrie. Il devient citoyen tchécoslovaque après la création de la Tchécoslovaquie, en 1918. Très jeune, il adhère au Parti communiste. En février 1937, Salomon s'engage dans les Brigades internationales et part combattre en Espagne. Après la défaite de la République espagnole, les interbrigadistes se réfugient en France, en même temps que des centaines de milliers de civils et militaires républicains espagnols qui fuient la répression de Franco. Ils y sont accueillis par les gardes mobiles puis incarcérés dans des camps d'internement. Ce sera également le sort de Salomon, qui rejoindra plus tard la Résistance française. Son récit s'arrête à la libération de Paris en août 1944.

Au début des années 1950, rentré dans son pays, il rédige une autobiographie destinée au service des cadres du PCT, ainsi que cela se faisait à l'époque. Il raconte son activité après la guerre.

> Après la Libération, j'ai travaillé à Paris au CADI, le Centre d'action et de défense des immigrés.
>
> Je suis retourné en Tchécoslovaquie [qui n'était plus son pays de naissance : la Ruthénie subcarpathique est devenue province ukrainienne en 1945] avec mon épouse [Isabel] et mes deux filles [Consuelo et Régine] le 25 juillet 1945. Après un séjour de deux mois dans un camp d'accueil, nous avons déménagé à Karlovy Vary et j'ai renouvelé mon adhésion au parti. J'étais membre de l'organisation locale de Rybáře, à proximité de Karlovy Vary, et j'ai participé à diverses activités du parti.

Le 4 octobre, j'ai occupé le poste de chauffeur de voiture particulière auprès de la mairie de Karlovy Vary. J'ai démissionné le 1er août 1946 car mon salaire était trop bas pour pouvoir nourrir une famille de quatre personnes. Le jour même j'ai été embauché comme chauffeur de voiture particulière auprès de l'entreprise d'État de porcelaine Haas & Čížek…

Salomon occupe ensuite divers emplois dans des entrepôts et des entreprises de transport, puis à partir d'août 1949 dans le service des passeports de l'agence nationale de voyages Čedok.

La vie est difficile à Karlovy Vary, surtout pour Isabel qui ne parle pas la langue, qui ne connaît personne…

En 1949, Régine tombe gravement malade. Faute de médicaments, d'antibiotiques en particulier, elle ne peut être correctement soignée à Karlovy Vary. Elle doit être hospitalisée dans un établissement pragois où elle restera près d'une année. Sa famille peut l'y visiter.

En mai 1950, je suis recruté par le ministère des Affaires étrangères à Prague. Deux mois plus tard je suis confirmé au poste de courrier diplomatique. J'ai effectué des déplacements dans divers pays, où je n'avais d'autres contacts que ceux de l'ambassade.

Quant à ma vie familiale, je vis en parfaite harmonie avec mon épouse. Je me suis marié en 1938 en Espagne. Ma première fille est née en 1940, la seconde en 1943. Mon épouse a participé au travail illégal dans la Résistance à Paris.

Membre du PCF en 1944, elle a adhéré au PCT à notre arrivée en 1945.

Actuellement, elle est ouvrière à l'usine Tesla-Holešovice à Prague avec un salaire de six cents couronnes par semaine...

Cette autobiographie s'arrête au début des années 1950.

On est en pleine guerre froide, en plein régime stalinien. Dans le camp soviétique, en Tchécoslovaquie en particulier, les « anciens d'Espagne » et, plus généralement, tous les anciens résistants en Europe de l'Ouest deviennent suspects pour le parti et donc pour le régime. Ils sont chassés de leur travail. C'est l'époque des procès politiques, dont le plus connu en Tchécoslovaquie est le procès Slánský en 1952. Salomon est renvoyé du ministère des Affaires étrangères. Il trouve un emploi d'ouvrier plombier dans l'usine aéronautique AVIA à Prague.

À la fin des années 1950, Salomon est recruté comme chauffeur à la FSM (Fédération syndicale mondiale), dont le siège est à Prague. Mais les autorités tchécoslovaques refusent leur agrément et il doit quitter cet emploi. Jusqu'à sa retraite il sera chauffeur à l'Union des combattants antifascistes (SPB), à Prague.

À partir du début des années 1960, le régime politique tchécoslovaque se libéralise progressivement, sous la pression de la grande majorité de sa population. Le cinéma tchécoslovaque connaît un renouveau exceptionnel. Il en est de même pour la littérature, le théâtre... Ce renouveau culmine en janvier 1968 avec ce qui est connu sous le nom de « printemps de Prague ». Les anciens dirigeants sont remplacés. La censure est abolie. Les langues se délient, la jeunesse veut connaître le passé.

Il devient plus facile d'aborder des sujets qui jusque-là étaient occultés. On peut à nouveau parler et écrire librement, en particulier de la guerre d'Espagne et de la résistance en Europe occidentale. Un des personnages de ce récit devient même ministre de l'Intérieur.

Salomon est approché par une maison d'édition pragoise qui lui demande de rédiger ses mémoires...

Mais, pour le pouvoir soviétique, cette évolution va beaucoup trop loin.

Le 21 août 1968, la Tchécoslovaquie est occupée par les troupes soviétiques et celles de leurs alliés du pacte de Varsovie (Roumanie exclue).

La répression se met en place. Une nouvelle direction prosoviétique est au pouvoir. La censure est rétablie, les acteurs du printemps de Prague sont renvoyés de leur travail, certains s'exilent, les frontières se ferment. Au début de 1969, des livres peuvent encore être publiés, des films tournés – mais plus pour longtemps...

C'est l'année où Régine Ickovičová part en exil en Italie. Elle n'a pas été témoin de l'écriture des mémoires de son père. Cette rédaction a débuté probablement vers le milieu de l'année 1969. Robert, fils de Consuelo, qui avait environ neuf ans à l'époque, se souvient des après-midi où son grand-père rencontrait un rédacteur de la maison d'édition et lui racontait sa vie, ses combats.

Ce récit a été transcrit dans un document tapé à la machine à écrire.

Nous sommes en 1970-1971 : la répression, appelée « normalisation » par le régime, bat son plein. La page de garde du tapuscrit porte la date de 1971. L'auteur désigné sur cette page s'appelle Robert Šimovič ; une note de l'éditeur, destinée à la rédaction, indique que c'est à la demande de la famille que le nom est changé. Celle-ci craignait probablement d'éventuelles représailles.

On devine les efforts de l'éditeur pour obtenir le feu vert de la censure.

Ainsi, les noms de certaines personnes sont raturés : on arrive cependant à les déchiffrer. Ce sont surtout les noms des anciens condamnés dans les procès des années 1950. Ainsi Pavel[1] (ministre de l'Intérieur en 1968) est appelé Šustr, Hromádko[2] est Horník, Holdoš[3] s'appelle Kaliarik. Le nom d'Artur London[4] disparaît complètement sous les ratures.

1. Josef Pavel (Novosedly, 1908 - Benešov, 1973) est un homme politique tchécoslovaque célèbre pour son engagement pendant le printemps de Prague. Engagé parmi les interbrigadistes, il dirige de 1937 à 1938 le bataillon Dimitrov.

2. Otakar Hromádko (1909-1983) est un journaliste, résistant communiste en Espagne et en France, officier de l'armée tchécoslovaque puis émigré politique. Voir les notes biographiques en fin d'ouvrage.

3. Ladislav Holdoš (1911-1988) est un homme politique tchécoslovaque. Engagé volontaire parmi les interbrigadistes en Espagne, il devient résistant de la Main-d'œuvre immigrée (MOI) en France où il est également l'un des cadres des FTP-MOI. Voir les notes biographiques en fin d'ouvrage.

4. Artur London (Ostrava, 1915 - Paris, 1986), membre des Brigades internationales. Il rejoint la Résistance en France en tant que membre de la direction de la MOI puis du TA (Travail Allemand). Arrêté en 1942, il est déporté à Mauthausen. Il rentre en Tchécoslovaquie fin 1948 et est nommé vice-ministre des Affaires étrangères. Arrêté en janvier 1951, il est condamné à perpétuité en 1952 avant d'être réhabilité et libéré en février 1956.

Malgré cette autocensure, le manuscrit n'est pas publié.

Régine rentre d'exil en Tchécoslovaquie après la « révolution de Velours » de 1989. C'est à ce moment que sa sœur Consuelo lui donne une photocopie de ce manuscrit, qu'elle découvre.

Ce texte n'a jamais été publié.

L'ultime rendez-vous de Salomon Ickovič avec la mort a lieu en décembre 1971.

À l'occasion de ses obsèques, un hommage lui a été rendu par ses camarades des Brigades internationales et de la résistance antifasciste :

> Le camarade Šalo [diminutif de Salomon, se lit Chalo], ainsi que nous l'appelions, était un homme bon, bon comme le pain dirait-on en Espagne, et que nous aimions.
>
> Le 22 octobre dernier, nous, anciens d'Espagne, avons commémoré le 35e anniversaire de la création des Brigades internationales. Nous étions malheureusement les seuls à le faire dans ce pays.
>
> Salomon combattait dans le célèbre bataillon Dimitrov. Il a lutté sur tous les fronts où son unité était engagée. Gravement blessé, il a refusé le rapatriement et, une fois guéri, il est retourné combattre, jusqu'à la fin amère, la défaite de la République espagnole…
>
> Interné dans les camps en France, il intègre, avec son frère qui est décédé par la suite, l'armée

tchécoslovaque à l'étranger. Après la défaite française, Salomon rejoint la Résistance et en devient un héros. Il combat avec courage sur les fronts les plus féroces et les plus dangereux…

C'est en rentrant dans sa patrie libérée qu'il apprend que sa mère, cinq de ses sœurs et treize membres de sa famille proche ont disparu dans les chambres à gaz des camps nazis.

Cher Salomon, ça n'a jamais été facile pour toi, mais jamais tu n'as refusé ton aide à qui te la demandait. Tu étais toujours prêt à rendre un service amical.

Nous t'aimions tous et nous nous souviendrons de toi avec respect et amour.

¡ Adiós camarada !

Régine Ickovičová et Michel London

Prague 1971

Première partie

À travers les Pyrénées

Les francs bon marché

Le rapide Prague-Paris serpenta lentement à travers l'entrelacs de rails et d'aiguillages avant de trouver enfin son chemin. Un crissement des freins et le train s'est arrêté sur le quai numéro 1, au milieu duquel était écrit en grosses lettres : *Frankfurt am Main, Hauptbahnhof*[1].

Je me suis levé de mon siège inconfortable de troisième classe, j'ai étiré mes membres engourdis par une nuit entière de voyage. J'ai attrapé une petite valise noire, mon seul bagage, et je suis descendu sur le quai.

C'était une froide matinée de mars 1937. J'étais encore loin de la fin de mon périple, bien loin. En fait, j'aurais dû rester tranquillement assis dans mon compartiment, car le train express allait bientôt repartir vers ma destination finale. Mais

1. « Francfort-sur-le-Main, gare centrale ».

continuer aurait été trop risqué. Le Front populaire était au pouvoir à Paris d'où partaient, à travers la frontière méridionale, des renforts pour aider l'Espagne républicaine. Toute personne qui, à l'époque, voyageait de Prague à Paris était suspecte aux yeux de l'administration hitlérienne.

C'est pourquoi ma prochaine étape était Amsterdam. Le premier train partait seulement dans trois heures, j'avais donc le temps de faire un peu connaissance avec Francfort. J'étais pour la première fois sur le territoire d'un État d'où commençaient à se diffuser vers le reste du monde des pensées et des slogans haineux. Nous avions des échos de la situation interne grâce à la presse de gauche et aux fugitifs que nous rencontrions et qui parlaient encore à voix basse, en se retournant, inquiets, pour vérifier que personne ne les écoutait.

J'ai déposé ma valise à la consigne dans le hall, puis je suis sorti de la gare. La vaste Kaiserstrasse se trouvait juste en face de moi. J'ai déambulé sur cette avenue élégante, pleine de magasins, de cafés et de cinémas, mais j'avais le cœur serré. À la place de marchandises dans les vitrines, je voyais le visage sévère d'un homme moustachu à la mèche bien coiffée. Les enseignes sur les bâtiments étaient couvertes par des bannières rouges avec des croix gammées et la circulation automobile était par moments stoppée par des défilés de garçons en chemises brunes. Ils marchaient en rangs bien réguliers, chantant des hymnes militaires, accompagnés de tambours et de sifflets.

C'était vraiment un autre monde. Je ne savais pas si c'était un jour ordinaire de l'empire hitlérien ou bien si le régime célébrait un événement particulier. Je me suis arrêté au bord du trottoir et j'ai regardé dans les yeux ces garçons, à peine plus jeunes que moi. Leurs visages se fondaient en un seul, collectif, exprimant une discipline et un enthousiasme fanatiques. J'ai pris conscience que ce comportement souvent moqué ne devait pas être sous-estimé. Ainsi étaient donc les hitlériens...

Ma promenade en ville m'a rapidement fatigué. Je suis allé jusqu'au Zeil[1] et j'ai fait demi-tour au Römer[2] pour revenir vers la gare par le quai. Au bout d'un certain temps, mon train est arrivé de Munich et j'ai pu poursuivre mon périple. Les beaux paysages de la vallée rhénane, les boucles de ce fleuve puissant bordées de collines couvertes de vignes, dominées par de beaux châteaux, les charmantes petites villes et villages ne m'ont

1. Principale artère commerçante de Francfort.
2. Hôtel de ville de Francfort.

cependant pas ému. Tout était enlaidi par des drapeaux nazis, des bannières flottant sur les façades des bâtiments et des portraits du Führer. « *Ein Volk, ein Reich, ein Führer*[1] ! »

Plus le train approchait de la frontière hollandaise, plus j'étais nerveux et impatient. Je fixais les pages de mon polar mais je n'enregistrais pas son contenu. Les halls de gare des villes traversées grouillaient d'uniformes ; parfois un brassard avec une croix gammée passait dans le couloir du wagon. Je ne savais pas encore ce que je pouvais craindre de la part des nazis et mes papiers étaient en règle, mais une surprise désagréable ne pouvait être exclue. Vivement la Hollande.

Un Allemand est monté dans le compartiment à Düsseldorf, habillé d'un manteau en cuir typique de la région et d'un chapeau vert. Il s'est assis en face de moi et ne m'a pas prêté une attention particulière. C'est seulement quand nous avons été seuls un moment dans le compartiment qu'il s'est penché vers moi, en me parlant sur le ton de la confidence.

« Vous n'avez pas besoin d'argent français, par hasard ? a-t-il demandé à voix basse. Je pourrais vous changer des francs. À un cours favorable. »

1. « Un peuple, un empire, un guide ! »

Sa proposition m'a inquiété – s'agissait-il d'un pur hasard ou bien voulait-il me tester ?

Au siège du parti, à Prague, un travailleur de petite taille et qui portait des lunettes m'avait donné des instructions strictes et contraignantes : « Tu te rends au mariage de ton frère à Amsterdam, tu comprends ? Surtout, tu n'engages la conversation avec personne en Allemagne, et surtout pas une conversation politique. À Amsterdam, tu prends le train pour Paris et là-bas tu vas au bureau de recrutement. Voilà son adresse. »

Je l'ai recopiée, en plusieurs morceaux, sur diverses pages de mon agenda. Le reste devait m'être expliqué par les Français. Quelques devises pour le voyage, un bagage modeste, un costume correct et les vœux de beaucoup de succès et de victoires.

« Surtout, ne pas entamer de discussions avec quiconque ! Ne pas se laisser provoquer, ne pas se trahir ! »

Ses avertissements résonnaient en permanence à mes oreilles. Combien ont été victimes de leur confiance et de leur imprudence ?

Je me suis tourné vers mon interlocuteur, je parlais déjà correctement l'allemand. J'ai répondu avec indifférence :

« Non, je vous remercie. Je fais une courte visite en Hollande, chez mon frère. Il se marie. Je n'ai pas besoin d'argent français. »

L'Allemand a marmonné quelque chose et heureusement n'a pas cherché à poursuivre la conversation.

Je n'arrivais pas à me concentrer sur ma lecture. Au bout d'un moment, je suis sorti dans le couloir pour marcher un peu et fumer une cigarette. J'ai entrouvert une fenêtre. Un air frais et humide a soufflé dans le wagon. Je me suis appuyé contre l'encadrement et j'ai humé avec délice le parfum frais de l'air. Un homme costaud et plus âgé que moi se tenait à la fenêtre voisine. Je sentais qu'il m'observait et je me suis détourné pour sortir de ma poche un paquet de cigarettes.

« Puis-je vous proposer du feu ? »

Mon voisin se tenait à côté de moi avec un briquet allumé.

« Merci.

— Vous allez loin ? » a-t-il demandé d'un ton neutre.

J'ai répondu laconiquement :

« Oui, à Amsterdam. »

Moins j'en dirais, mieux ce serait.

« Vous ne pensez pas aller en France ? C'est un beau pays. Et puis Paris ! La Seine, Montmartre, les boulevards... Si vous avez besoin de francs, je peux vous en proposer. Vous y gagneriez. »

Ma cigarette a imperceptiblement tremblé. Ça ne pouvait plus être un simple concours de circonstances ! Ou bien ils étaient après moi, ou bien ils essayaient de piéger, à l'aveugle, tous les étrangers qui leur paraissaient suspects. Je me suis maîtrisé.

« Vous êtes très aimable, ai-je répondu d'une voix tranquille, mais je vais vite rentrer de Hollande. Je n'ai pas le temps, j'irai en France une autre fois. »

L'homme corpulent a reculé, déçu. Lui aussi a perdu tout intérêt à poursuivre la conversation.

J'ai jeté ma cigarette et je suis retourné à ma place. Le compartiment était vide. Le temps m'a paru très long avant qu'un panneau lumineux annonce Emmerich. Le contrôle douanier des passeports s'est déroulé sans problème. Un dernier drapeau avec croix gammée et puis, devant la gare grisâtre de Zevenaar, un drapeau tricolore bleu blanc rouge. Ces couleurs m'étaient désormais familières et amicales. Le premier obstacle était derrière moi.

Un train de nuit partait bientôt d'Amsterdam pour Paris. J'ai eu le temps de manger en vitesse un plat chaud au buffet de la gare, d'acheter mon billet et de m'installer dans un wagon chauffé et confortable. Je me suis réveillé à la gare du Nord à Paris.

*

* *

Mon père était un forgeron juif de Velka Kriva, dans l'arrondissement de Tačiv en Russie subcarpathique à l'époque hongroise. J'étais son sixième enfant. En 1911, il avait abandonné sa famille et son village pour une Amérique fantasmée, où il espérait gagner plus pour assurer notre subsistance. Ma mère avait beaucoup à faire pour nourrir ses enfants, même si les plus âgés commençaient à l'aider. (Plus tard, mon père nous montrerait les preuves de ses envois d'argent, que nous n'avons jamais reçus.)

La guerre de 1914 a rendu notre vie encore plus difficile. Nous avions conscience de la menace du front très proche. Après la guerre, se sont succédé chez nous les armées hongroise et roumaine, puis tchécoslovaque. Je suis allé à l'école à dix ans : d'abord l'école ruthène, puis l'école tchèque.

En 1920, mon père est revenu des États-Unis. Avec ses économies, il a acheté une maison à Teresva, l'a embellie et a même développé son activité de forgeron. Durant les huit années qui ont suivi, mes quatre petites sœurs sont nées.

Dès la fin de mon école primaire, en 1926, je suis parti en Transylvanie à Mihályfalva pour devenir apprenti plombier. Avec mes amis juifs, nous avons très vite pris contact avec la jeunesse communiste locale. Mon premier engagement a eu lieu le 1er mai 1928 : nous collions aux coins des rues des affiches révolutionnaires. Malheureusement, le jour même, j'ai été arrêté avec onze autres jeunes par la police roumaine. Nous avons été accusés d'activité subversive contre l'État et le roi. J'ai passé plusieurs mois dans la prison de Satu Mare et, selon la loi de l'époque, un jugement et une sentence sévère m'attendaient. Cependant, en décembre de cette même année, la communauté juive de la ville a payé pour sept de mes coreligionnaires et moi une caution de 500 000 lei et nous avons été remis en liberté. J'ai appris plus tard que nos autres compagnons avaient été condamnés à des peines allant jusqu'à huit ans d'emprisonnement…

Mes amis m'incitaient à quitter la Roumanie au plus vite et à retourner dans mon pays. À Teresva, j'ai trouvé mon père sur son lit de mort. Quatre jours après mon retour, il décédait d'une pneumonie.

J'ai dû rester à la maison pour aider ma mère dans les champs et au jardin. Nos revenus provenaient surtout du loyer de nos étables qui étaient louées pour y regrouper le bétail des environs destiné à la vente aux commissionnaires. À l'automne 1934, j'ai été convoqué à Oujgorod pour effectuer mon service militaire. Au bout de quatorze mois, ma famille a réclamé mon retour ; à l'époque, « être indispensable à la gestion des affaires familiales » était une raison reconnue par l'administration.

En 1933, une antenne du Parti communiste a commencé à se former dans mon village. J'ai été l'un des premiers adhérents. En quelques jours, nous avons été débordés. Un flot d'émigrés venant de l'Allemagne nazie, menacés par la terreur hitlérienne, commençait à se déverser en Tchécoslovaquie. Il n'y avait pas que les antifascistes et les démocrates allemands qui fuyaient, mais également des Bulgares, des Roumains, des Polonais et des personnes d'autres nationalités. C'étaient avant tout des communistes qui avaient trouvé auparavant dans l'Allemagne de Weimar un refuge face aux persécutions et tribunaux de leurs pays d'origine. La direction pragoise du parti les envoyait à Košice[1] où nous les prenions en main. Nous leur assurions un toit, une aide immédiate. Nous

1. Ville de l'est de la Slovaquie.

leur procurions de faux papiers roumains et leur faisions franchir clandestinement la frontière roumaine puis nous les remettions à des communistes locaux qui s'occupaient de leur transfert en Union soviétique.

En 1934, j'ai été engagé comme plombier par l'entreprise Soběslavský d'Ostrava[1]. J'ai été tout d'abord envoyé en mission à Nitra, puis en octobre 1936 à Spišská Nová Ves[2] où se construisait un aérodrome.

C'est à ce moment-là que j'ai vu pour la dernière fois ma mère et quatre de mes sœurs. Elles sont toutes mortes dans les chambres à gaz d'Auschwitz.

En 1936, la guerre civile a éclaté en Espagne. Les démocrates, socialistes et communistes du monde entier exprimaient leur sympathie pour la République espagnole dans sa lutte contre les insurgés fascistes. Lors des réunions du Parti communiste tchécoslovaque, nous étions encouragés à entrer dans les Brigades internationales. J'étais jeune, en bonne santé et décidé. Ma mère était aidée par mes frères ou sœurs aînés (trois d'entre eux vivaient déjà en France à l'époque). Sans plus

1. Capitale de la région de Silésie-Moravie, au nord-est de la République tchèque.

2. Villes de Slovaquie.

hésiter, j'ai donc ajouté mon nom à la liste des volontaires.

Mais comment obtenir un passeport ? Le gouvernement tchécoslovaque s'était déclaré favorable à la politique de non-intervention et n'était pas – du moins officiellement – prêt à soutenir le recrutement de volontaires. Les amis du parti me disaient : « Tu as un frère à Paris. On va dire qu'il habite Amsterdam, on t'enverra une fausse invitation au mariage, tu auras un passeport et tu partiras. »

J'ai effectivement reçu très vite une « lettre de mon frère », mais avant que je puisse effectuer les démarches auprès du ministère pour obtenir mon autorisation de voyager, un télégramme est arrivé début octobre 1937 de Nitra. Mon ami juriste Lax, un communiste, me demandait de lui remettre les documents nécessaires. Vingt-quatre heures après, j'étais en possession d'un passeport à mon nom. Il ne restait qu'à accomplir quelques démarches auprès de mon travail, faire le voyage de Nitra à Prague, me rendre rapidement dans un bâtiment gris de Karlín[1] et y serrer quelques mains. C'est ainsi qu'à la gare Wilson a débuté ce soir-là mon long et dangereux périple.

1. Quartier populaire de Prague.

Dans les tranchés de Jarama

Le siège parisien des volontaires internationaux rappelait la Babylone biblique : s'y côtoyaient des Grecs, des Polonais, des Serbes et des Croates, des Flamands, des Wallons, des Allemands, des Bulgares et des Roumains, des Français, des Italiens et bien d'autres encore. Il y avait aussi, bien sûr, des conversations en tchèque et en slovaque. Les jeunes Français qui nous accueillaient avaient du mal à maîtriser l'afflux des hommes et le mélange de langues.

J'ai appris que le prochain départ d'un groupe pour l'Espagne n'aurait lieu que trois jours plus tard, vendredi. Je suis donc allé à la recherche de mon frère qui habitait près de la Bastille.

Le vendredi matin, un groupe d'hommes, de tous âges et parlant de multiples langues, s'est formé dans la cour du siège. Les bureaux se situaient dans des baraquements en bois et l'on y réglait les formalités nécessaires. Nous sommes ensuite partis de la gare de Lyon, en petits groupes, vers Perpignan en passant par Alès. Nous étions une centaine à nous y retrouver et nous y reposer pendant la journée qui précédait la marche nocturne qui nous attendait pour franchir les Pyrénées. C'était la première fois de ma vie que je voyais la mer et je me suis baigné dans ses vagues.

Le départ a eu lieu le samedi soir. Trois bus étaient garés dans des petites rues de la ville. Lentement, nous nous sommes dirigés un à un vers le lieu de rendez-vous, puis nous sommes montés dans le véhicule.

« Soyez prudents, camarades, a chuchoté notre responsable, le doigt sur les lèvres. Si les gardes mobiles nous attrapent, ça ira mal ! C'est la prison pour un franchissement illégal de la frontière. Il y en a déjà pas mal qui y sont, inutile de vous y précipiter ! »

Nous nous sommes arrêtés au bout d'une heure et demie de route. Celle-ci n'allait pas plus loin. Il fallait maintenant faire confiance à ses propres jambes et aux aptitudes des guides.

Nous sommes descendus rapidement et en silence des autobus. C'était une nuit claire et fraîche. Les guides qui nous ont pris en charge nous ont conduits, au bout de quelques centaines de mètres, dans une sorte de bergerie. Là, ils nous ont distribué des espadrilles. Elles étaient confortables et surtout silencieuses. Des miliciens espagnols en uniforme sont apparus dans la cabane de berger et ont pris la responsabilité de toute l'expédition.

Après un court repos, nous sommes repartis pour une longue marche dans la montagne. Nous montions par un étroit sentier caillouteux, parfois recouvert de grosses pierres. Au-dessus de nous pointaient des rochers, sous nos pieds des précipices sans fonds.

Nos guides nous incitaient en permanence à la prudence : les militaires français patrouillaient le long de la frontière et nous devions passer au travers de leurs lignes sans être vus. N'importe quel incident pouvait avoir des conséquences fatales pour nous.

De temps en temps, les miliciens espagnols arrêtaient notre sombre caravane et partaient seuls explorer le terrain. Quand ils avaient constaté que « l'air était propre », nous pouvions reprendre notre ascension. Le chemin vers la montagne semblait interminable. Cela avait déjà duré toute une nuit et beaucoup parmi nous n'en pouvaient plus. Les plus forts et résistants soutenaient les faibles et les malades. Peu de temps avant l'aube, vers quatre heures du matin, on nous a dit que la frontière était franchie. Nous étions sur le territoire de la République espagnole.

Nous sommes arrivés vers dix heures du matin dans le premier village. Les habitants, probablement habitués à de tels événements, étaient au courant. Sur la place, ils avaient dressé des tables avec des assiettes de soupe fumantes et des carafes de vin. Assoiffés après presque quatorze heures de marche, nous avons surtout apprécié la boisson rafraîchissante. L'humeur des convives s'est rapidement améliorée, reflétant les tempéraments des diverses nationalités. Personnellement, je n'ai pas fait grand honneur à mon drapeau – après deux verres de vin rouge, je me suis endormi…

L'après-midi, on nous a transportés en camion à Figueras. Le lendemain, nous sommes partis en train pour Valence, en passant par Barcelone. La voie suivait la côte valencienne et nous pouvions ainsi admirer sa beauté. Mais nous n'étions pas en excursion touristique, comme nous le rappelaient les inscriptions « *No pasarán* » ainsi que les habitants, regroupés le long de la voie, qui nous saluaient en agitant les bras, et auxquels nous répondions par un poing levé. Le soir, le train est arrivé à Albacete où se trouvait la base des Brigades internationales.

À Albacete, on nous a installés dans la Plaza de Toros. On nous a à nouveau tous inscrits, distribué des uniformes en toile, et répartis suivant les différents types d'armes, selon nos compétences militaires et professionnelles.

Chez moi, je n'étais pas allé très loin dans l'entraînement lors du service militaire et on m'a donc affecté à la reine des régiments : l'infanterie. Nous sommes partis vers nos centres d'entraînement, le mien était à Madrigueras.

On nous a distribué des fusils et des mitrailleuses Maxim ; chacun d'entre nous avait déjà eu des armes plus ou moins semblables entre les mains et l'entraînement a été rapide. D'ailleurs le temps manquait pour une formation prolongée car la situation sur le front était mauvaise.

Environ une semaine après notre arrivée à Madrigueras, le lieutenant Josef Pavel est venu chercher des renforts pour le bataillon Dimitrov. (Comme ce serait également le cas plus tard en France, la plupart des combattants des brigades utilisaient des pseudonymes. Je n'ai jamais connu le vrai nom de certains d'entre eux, en particulier ceux d'autres nationalités. Josef Pavel avait pour pseudonyme František Šustr.)

Nous sommes partis à bord de camions vers les premières lignes du front, les tranchées de Jarama.

*

* *

Après le coup d'État du 18 juillet 1936 contre le gouvernement de la République espagnole, les insurgés avaient réussi à occuper surtout le nord et le nord-ouest du pays. Seuls les Asturiens et les Basques, fidèles à la République, avaient réussi à défendre leurs territoires. Les troupes républicaines sont parvenues à arrêter l'avance des quatre colonnes fascistes qui convergeaient vers Madrid (la cinquième colonne devait être formée à l'intérieur de la ville). La guerre civile avait commencé.

Ce n'était malheureusement pas qu'une affaire de politique interne espagnole. Si cela avait été le cas, la République aurait pu s'en tirer toute seule face à l'insurrection. Mais Franco bénéficiait d'une aide directe de l'Allemagne et de l'Italie, et indirecte de la Grande-Bretagne et de la France qui avaient adopté le principe de non-intervention. Alors que ces deux dernières le respectaient rigoureusement et empêchaient l'aide au gouvernement républicain légal, les hitlériens et les fascistes italiens envoyaient des armes[1], des avions et des troupes en Espagne.

Bien qu'ils aient perdu la bataille de Madrid, les fascistes ont réussi dans les mois suivants à étendre leurs conquêtes. En mars 1937, la ligne de front allait de Huesca, dans le Pyrénées, vers Teruel en passant par Saragosse, et de là tournait vers Tolède et jusqu'à Villanueva près du Portugal puis vers Cordoue et Grenade vers le sud-est.

La situation militaire alarmante inquiétait le mouvement ouvrier international. Des envoyés du Komintern auprès du gouvernement espagnol lui ont proposé une aide militaire internationale. Le 22 octobre 1936, le gouvernement espagnol acceptait la création des Brigades internationales – les « volontaires de la liberté », comme les appelait le peuple espagnol. Il y avait dans leurs rangs des communistes, des socialistes, des catholiques, des sociaux-démocrates et des anarchistes. Les interbrigadistes prêtaient le court serment suivant : « Je suis ici car je suis volontaire et prêt à lutter

1. Malgré le pacte de non-intervention énoncé par Léon Blum en septembre 1936, on ne peut pas dire que la France empêchait toute aide à l'Espagne républicaine. Au contraire, le gouvernement ferma les yeux sur les livraisons d'armes et contribua, notamment via le ministre Pierre Cot, à apporter une aide clandestine.

jusqu'à la dernière goutte de sang pour défendre la liberté en Espagne et dans le monde entier. »

Les premières unités des brigades, la 11e et la 12e, sont intervenues dès l'automne 1936 dans les combats pour défendre Madrid. Dans les bataillons « Edgar André », « Commune de Paris » et « Ernst Thälmann » combattaient des citoyens tchécoslovaques. Par exemple Juraj Petročko, Jan Krejčí, Ondrej Šimo, Jozef Májek[1], Ladislav Holdoš et bien d'autres.

On trouvait des volontaires tchécoslovaques dans toutes les Brigades internationales et dans certaines unités espagnoles, et cela même après la formation d'unités proprement tchécoslovaques. À l'inverse, des combattants d'autres nationalités faisaient également parfois partie des unités tchécoslovaques. Il y a eu en tout plus de deux mille volontaires tchécoslovaques dans les Brigades internationales en Espagne, parmi lesquelles on trouvait aussi des Allemands, des Hongrois, des Ruthènes, des Ukrainiens et des Polonais, tous issus des minorités nationales tchécoslovaques.

---

1. Jozef Májek (Vienne, 1911 - Madrid, 1936) est un interbrigadiste slovaque devenu commandant de compagnie en Espagne. Il meurt au combat pendant la bataille de Madrid.

*

* *

Le bataillon Dimitrov, dans lequel se retrouvaient beaucoup de Tchécoslovaques, faisait partie de la 15e brigade commandée par le Yougoslave Vladimir Ćopić[1]. Le bataillon était sous les ordres du Hongrois Mihal Szalvay-Čapajev. En son sein a été formée la compagnie de mitrailleurs Jan Žižka z Trocnova, dans laquelle j'ai été affecté, au troisième peloton, composé essentiellement de Hongrois de Slovaquie et de Ruthènes.

Il est clair que, même dans l'armée républicaine et dans les Brigades internationales, les conditions n'étaient pas idéales. En particulier, l'organisation et le commandement n'étaient pas toujours au niveau. Les Tchécoslovaques ont vite acquis la réputation d'être de bons combattants, mais aussi des râleurs, critiquant en permanence les décisions et jamais contents (c'est d'ailleurs dans leur caractère national).

Le 8 mars 1937, après une nouvelle attaque contre Madrid, les fascistes ont avancé jusqu'à Guadalajara. Leurs forces étaient surtout constituées

1. Vladimir Ćopić (Senj, 1891 - Moscou, 1939) est membre fondateur du Parti communiste yougoslave. Il a été liquidé par Staline pendant les Grandes Purges.

par des Italiens auxquels le Duce avait personnellement donné l'ordre de « remporter une victoire décisive ». Il lui fallait retrouver son prestige militaire perdu en Abyssinie. Bien que la supériorité italienne ait été énorme au début et qu'ils aient eu un certain succès, ils ont fini par être stoppés. Le front s'est stabilisé et les combats sont devenus des combats de position.

Telle était la situation quand on nous a débarqués dans ce paysage de collines. La ligne de front s'étendait le long des buttes, se cachait derrière des murets, se faufilait entre les oliviers, dans des tranchées peu profondes, creusées à la va-vite. Mon supérieur immédiat était maintenant un Slovaque canadien, Varga, commandant de la mitrailleuse Maxim. J'étais son chargeur. Le front était tranquille, nous avons eu le temps de nous « acclimater ». Nous surveillions néanmoins en permanence les mouvements de groupes ennemis et leur rappelions de temps en temps notre présence par de courtes salves.

Mon activité combattante pendant la défense de Madrid n'a pas été très longue. Dans la matinée du quatrième jour, des avions italiens sont brusquement sortis des nuages au-dessus de nos positions.

« Attention, à terre ! » Avec sa grosse main, Varga m'a tiré au fond de la tranchée. Un moteur hurlait juste au-dessus de nous et une ombre a caché le soleil un instant. Le tireur à bord nous a aspergés d'une grêlée de balles. J'ai enfoncé ma tête dans la terre comme un campagnol attaqué par un faucon. L'attaque a été si soudaine que nous n'avons pas eu le temps de retourner notre mitrailleuse vers les avions. La première vague était passée.

« Attendez un peu, misérables, vous allez voir ! » a promis Varga. Nous étions en train d'ajuster l'angle de tir, quand un nouvel avion est apparu à droite. Il volait très bas. Tout près de moi des bombes explosaient. J'ai senti une douleur fulgurante dans ma cuisse droite et je me suis évanoui.

Je me suis réveillé à l'hôpital militaire de Madrid. J'étais affaibli par la perte de sang, ma jambe me brûlait terriblement – j'avais une blessure profonde au-dessus du genou. Après les premiers soins, j'ai été transféré à l'hôpital de Murcie. Là, ils m'ont opéré pour retirer un éclat qui avait pénétré jusqu'à l'os. J'étais malheureux. Pas seulement parce que j'étais cloué au lit pour plusieurs semaines, mais également d'avoir terminé ma première expérience sur le front si vite et sans gloire. La situation empirait, mais la guerre n'était pas proche de son terme. J'étais sûr de pouvoir encore y participer.

Au bout de trois mois, je pouvais marcher avec précaution mais j'étais toujours convalescent. Pendant ce temps, mon bataillon a été plusieurs fois réorganisé et a participé à la grande bataille de Brunete. Les camarades morts ont été remplacés par de nouveaux renforts.

En été, on nous a annoncé à l'hôpital que la plupart des Brigades internationales allaient être déplacées du front central au front aragonais. Six cents kilomètres, ce n'était pas rien, mais le commandement républicain faisait intervenir les brigades là où leur force de frappe était le plus utile. J'ai demandé au médecin ma réincorporation et j'ai pu rejoindre mon unité le 15 août à Madrid. De là, je suis retourné à Valence et j'ai regagné le front.

« *Napoléon ne nous a pas conquis* »

Durant l'été et l'automne 1937, les franquistes ont réussi à briser la résistance des Asturiens et des Basques et ont occupé leurs provinces. Les insurgés occupaient maintenant tout le nord et l'ouest du pays. Madrid tenait toujours.

La perte des régions du Nord, avec leurs richesses en matières premières, était un coup cruel pour la République. Pour essayer d'aider les Basques, le gouvernement républicain a ordonné une opération vers Saragosse, depuis le sud et l'est.

Le bataillon Dimitrov combattait à Quinto, près de la rive droite de l'Èbre. Le soleil d'août participait à reconstituer l'atmosphère d'un désert africain ou proche-oriental.

Quinto était soigneusement fortifiée, en particulier à l'est où une colline permettait le contrôle de la route vers Saragosse. L'attaque républicaine a commencé le 24 août 1937 au matin. J'étais affecté auprès du mitrailleur slovaque Ján Javorčík.

Ce même jour, nous avons conquis la première ligne de défense ennemie. Certains des nôtres ont même réussi à pénétrer dans la ville mais en ont été repoussés. Le commandement a décidé de contourner la ville : les chars légers nous ouvraient le passage à travers les barbelés, par-dessus les bunkers et les tranchées. Le troisième jour, nos unités ont réussi à conquérir une colline située au-dessus de la ville, stratégiquement importante et avec de bonnes positions de tir. La compagnie de mitrailleuses Žižka pouvait maintenant viser directement les positions fascistes à Quinto. Quand la deuxième ligne a été franchie, les ennemis se sont retirés dans le centre-ville vers l'église de la Sainte-Croix qu'ils ont fortifiée et dont ils ont transformé la tour en nid de mitrailleuses, ce qui leur permettait de tenir en échec nos troupes.

Beaucoup d'églises espagnoles ressemblent à des forteresses, habituellement construites à l'endroit le plus élevé du village. Le bâtiment est entouré d'un haut mur épais et des couloirs souterrains y mènent. C'était le cas de l'église de Quinto et les fascistes qui s'y étaient barricadés pensaient pouvoir tenir jusqu'à l'arrivée de renforts venus de Saragosse.

Des combats de rue se déroulaient dans le village. On se battait aussi dans les caves et les couloirs des maisons. Nos soldats n'avaient pas l'expérience de tels combats et beaucoup l'ont payé de leur vie. Ce n'est qu'après avoir compris qu'avant de s'engager il fallait lancer une grenade dans chaque ruelle, dans chaque porte ou fenêtre qu'ils ont avancé plus vite et plus sûrement.

La ville était pratiquement entre nos mains. Seule l'église résistait ; les tirs paralysaient tout mouvement sur la place. Nous étions regroupés autour du commandant de la compagnie, un volontaire grec nommé Vernus. De petite taille, il était caché par les autres soldats.

« Nous ne pouvons pas nous permettre d'autres pertes, a-t-il dit. Il y en a déjà trop. Je vous propose d'essayer à l'ancienne : avec le feu et la fumée. »

Nous avons découpé le portail d'une maison voisine, rapporté de je ne sais où des bottes de paille. Protégés par l'obscurité et avançant par petits sauts rapides, nous avons déposé le tout au pied de la tour où nous étions à l'abri des balles. Un peu d'essence, une allumette et vite, vers notre point de départ.

C'était un magnifique feu de camp, plus efficace qu'une rafale de mitrailleuse.

Au bout de quelques minutes, deux prêtres, les bras levés, descendaient l'escalier en colimaçon, suivis d'une dizaine de mitrailleurs. Quinto était conquise.

Nous avons eu droit à un court repos au bord de l'Èbre. Nous étions alors sans cuisine de campagne. Ou bien elle était coincée quelque part, ou bien elle était arrivée ailleurs que prévu, comme cela se produisait souvent. Il nous fallait chercher des provisions. Dans la ville évacuée, nous avons trouvé assez de boîtes de conserve, de riz et d'autres aliments. Et il y avait plein de poissons dans le fleuve. Personnes ne s'est plaint du menu.

Après quelques jours nous avons marché vers le sud-est en direction de Belchite.

C'est pendant cette marche qu'est apparu devant nous un groupe d'hommes accompagné par notre commissaire politique. J'ai pensé à une délégation. Nous recevions souvent pour des causeries des journalistes, publicistes et d'autres personnalités de différents pays. Il faisait horriblement chaud et je m'occupais plutôt de ma gourde.

Un homme brun, de taille moyenne et plutôt enrobé s'est détaché du groupe. Il était vêtu d'un uniforme sombre, chaussé de bottes et ne portait aucun grade. Il s'est dirigé vers nous, un bloc à la main, pour prendre des notes. Mon Dieu, une interview par cette chaleur !

Avant qu'il ne puisse s'adresser à nous, la scène de mon premier engagement militaire s'est répétée. Deux avions ennemis sont sortis à la vitesse de l'éclair, de derrière une colline. Des tirs croisés de mitrailleuses ont soulevé des geysers de pierres et de mottes de terre. Puis ce furent des explosions violentes de bombes, des gémissements de blessés.

Nous nous sommes cachés sous les terrasses en pierre. Quant à notre invité, il devait vivre sa toute première expérience d'attaque aérienne. Il n'avait pas vraiment l'air d'un combattant dans son uniforme et se protégeait le visage avec ses mains, les jambes comme paralysées. Moi, je n'étais plus un débutant. Je me suis précipité à ses côtés et je l'ai poussé contre un muret où un olivier tout tordu procurait un semblant de protection.

Au bout de dix, quinze secondes, tout était fini. Les avions ont disparu et nos ambulanciers ont accouru pour apporter les premiers soins. Mon compagnon s'est relevé avec quelques difficultés, et a secoué la poussière de son uniforme avec embarras. Il s'est brusquement tourné vers moi avec un sourire d'excuse :

« J'ai été un peu surpris, n'est-ce pas ? Mais je promets de m'améliorer la prochaine fois. En tout cas je te remercie, camarade, et je te souhaite beaucoup de chance. »

L'interview prévue n'a pas eu lieu. Il m'a serré la main et est parti d'une démarche hésitante rejoindre ses compagnons. Et du coup, c'était moi qui étais perplexe : il parlait le tchèque, mais avec un accent étranger. J'ai aperçu son bloc par terre.

« Tu as oublié ton cahier, camarade ! »

J'ai couru vers lui. Il s'est retourné et s'est gratté nerveusement la tête.

« Ben, tu vois… Encore merci. »

J'ai vu son nom sur le bloc en le lui tendant : Egon Erwin Kisch[1]. Évidemment, à l'époque j'ignorais de qui il s'agissait. Plus tard les copains m'ont dit que Jan Šverma[2] et Jan Vodička[3] étaient aussi dans cette délégation.

*

* *

1. Egon Erwin Kisch (Prague, 1885 - Prague, 1948) est un écrivain et journaliste tchécoslovaque de langue allemande, engagé dès 1919 dans le mouvement communiste.

2. Jan Šverma (1901-1944), journaliste et homme politique communiste tchèque, mort d'épuisement pendant le Soulèvement national slovaque.

3. Jan Vodička (1893-1961), Homme politique tchécoslovaque, député du PC tchécoslovaque en 1935, puis après la guerre.

Devant nous se trouvait Belchite. Une autre ville fortifiée que Franco avait baptisée le « verrou vers Saragosse » en raison de sa bonne position stratégique, entourée de collines qui assurent sa protection. Personne ne l'avait jamais conquise jusque-là, même pas Napoléon.

Et c'était effectivement un problème. Dès les premiers jours, nous avons subi de lourdes pertes. Et pas seulement les « Dimitrov ». Sur le secteur voisin, un détachement de volontaires américains du bataillon « Abraham Lincoln » s'est lancé à l'attaque. Nous entendions les ordres des commandants, « *Go ahead !* » Les Américains se sont dressés pour l'assaut. Ils ont foncé, fusils levés, vers les tranchées ennemies. Ils n'avaient qu'une vingtaine de mètres à parcourir. Mais à peine étaient-ils arrivés au milieu du parcours que les mitrailleuses fascistes se sont déchaînées. La préparation de l'attaque par l'artillerie avait échoué. Les balles ennemies fauchaient littéralement les rangs des volontaires. Il ne restait que les morts et les blessés dans le champ. Nous entendions leurs plaintes porter au loin. Mais personne ne pouvait les approcher de jour. Nous ne pouvions avancer que de nuit.

Le bataillon Dimitrov a reçu l'ordre de contourner Belchite par l'est et de couper la dernière route reliant l'ennemi à Saragosse.

Cette route aboutissait à Belchite dans un goulet bordé de maisons reliées par des arcades. Après de durs combats, nous avons pu pénétrer dans les maisons adjacentes et barrer la route. Belchite était isolé. À partir de ce moment les fascistes ne pouvaient l'approvisionner que par voie aérienne, la nuit. Les avions s'orientaient mal et volaient si bas qu'on pouvait tirer dessus avec de simples fusils. Nous avions cependant reçu un ordre qui l'interdisait. Peut-être pour qu'ils ne nous blessent pas en tombant ? De toute façon, la plupart des munitions et des provisions tombaient entre nos mains.

L'ennemi s'était retiré dans les quartiers centraux mais les combats se poursuivaient avec la même violence. Nous nous battions pour chaque place, chaque rue, maison, couloir et pièce d'habitation. Nous nous frayions un chemin vers le centre à coups de pioche. Nous passions par les toits, en nous cachant derrière les cheminées, et en descendant par les échelles de secours. Nous nous reposions dans les caves et dans les ruines des maisons incendiées. Toute nouvelle avancée devait être sécurisée par des tirs et des grenades.

La situation est vite devenue si compliquée que nous étions obligés de signaler par un chiffon rouge les bâtiments conquis pour ne pas tirer sur nos propres soldats. Mais cela a failli nous être fatal.

J'étais alors avec un Slovaque américain, long, maigre avec des mains osseuses ; j'ai oublié son nom. Nous avons pénétré dans une maison et nous avons regardé prudemment à travers une fente dans la porte.

« Où sont les nôtres ?

— Là-bas, regarde, un chiffon rouge. »

Il m'a montré le bâtiment d'en face. Effectivement, un chiffon rouge était accroché à la gouttière, sale, que nous étions très heureux de voir. Soulagés, car couverts sur le côté, nous pouvions avancer sans crainte.

J'ai ouvert doucement la porte et sorti la tête. Nous étions également protégés devant par un renfoncement de la maison. Mais avant d'avancer il fallait accrocher notre signal au fronton du bâtiment : « maison conquise pour la République ».

Pan ! Pan ! Pan !

Juste au-dessus de ma tête, des balles avaient laissé leurs impacts sur le mur. D'un bond, j'étais de retour dans le couloir.

« Que se passe-t-il ? Ils sont devenus fous ? »

Ils tiraient contre leurs camarades ; notre signal leur avait-il échappé ? Quand les tirs se sont arrêtés, j'ai crié vers le haut :

« Ne tirez pas, imbéciles, il y a des gens ici ! » mais ma plaisanterie, probablement malvenue, a provoqué un nouveau déluge de balles. Nous étions paralysés. Que faire ? Attendre un peu ? Nos voisins retrouveraient peut-être la raison.

À ce moment-là nous avons aperçu un groupe des nôtres. Ils marchaient en rang d'oignons le long du mur d'en face. Avant qu'on ne puisse les prévenir, le premier des soldats a bondi vers la maison de nos « amis » et a lancé un paquet de grenades vers les fenêtres. Nous étions cloués sur place. C'était un véritable combat fratricide.

Les tirs de mitrailleuses, les explosions de grenades : nos appels désespérés se sont perdus dans le bruit. Horrifiés et impuissants, nous avons assisté à ce spectacle tragique. Au bout d'un moment, tout le groupe est rentré dans la maison, et les tirs se sont arrêtés. Nous sommes sortis de notre cachette et avons traversé la ruelle en quelques pas. En face, les soldats républicains faisaient sortir des hommes avec les bras levés. La plupart étaient ensanglantés. L'un d'eux portait un turban marocain sur la tête.

Nous avons compris seulement à ce moment-là que les franquistes avaient presque réussi.

Encore une fois, nous n'avions pas été assez prudents.

Quelques heures après ces événements, nous avons conquis une autre maison. Nous nous sommes retrouvés, mon collègue slovaque américain et moi, au deuxième étage d'un appartement vide. Le mobilier cassé et en désordre témoignait de la violence des combats précédents. Près de la fenêtre se trouvait un grand et beau miroir, intact. La maison voisine s'y reflétait. À travers ses fenêtres cassées, entre des sacs de sable alignés, nous pouvions voir les canons des fusils et des mitrailleuses. Pas de chiffon rouge mais cette fois, un véritable ennemi.

« Et si on faisait pivoter un peu cette chose ? Qu'en penses-tu ? On pourrait mieux suivre leurs mouvements, m'a demandé mon compagnon. Nous-mêmes nous restons à l'abri et on pourra ainsi choisir le moment le plus favorable. » J'étais d'accord.

À peine avons-nous bougé le miroir qu'un rayon de soleil réfléchi a alerté l'ennemi. Le miroir a éclaté en mille morceaux. Je me suis précipité dans un coin. Mon compagnon était couché dans une mare de sang. Son bras musclé ne tenait à l'épaule que par un bout de peau. Il a dû être amputé.

La bataille faisait rage, il fallait avancer pas à pas, d'une maison à l'autre.

Nous jetions des grenades depuis les toits sur les nids d'ennemis, nous leur tirions dessus avec des mitraillettes. L'avancée était lourdement payée. Le commandant grec de notre compagnie est tombé – il a été remplacé par le volontaire Slovaque Jaroslav Picker.

Dans un des bâtiments, nous sommes tombés sur un hôpital de campagne, rempli de blessés gravement atteints, aux plaies ouvertes et purulentes. Le seul médecin disponible n'arrivait pas à s'occuper de tous. Les blessés gémissaient et nous suppliaient de ne pas les tuer. La propagande fasciste n'était pas, d'évidence, restée inactive. Nos brancardiers les ont rapidement mis à l'abri. Dans la pièce voisine, une autre découverte horrible nous attendait : des cadavres s'y entassaient jusqu'au plafond. Le temps manquait pour les enterrer et, dans la chaleur d'août, les corps commençaient à se décomposer. Une odeur épouvantable envahissait le bâtiment.

C'est ainsi – littéralement par-dessus des cadavres – que nous avons avancé vers notre but, la place de Belchite. Plus nous approchions du centre, plus acharnée était la résistance des fascistes. Le pourtour de la place ronde, au milieu de laquelle se dressait un bloc carré de maisons, était enfin à nous, le reste de la garnison ennemie s'étant retiré dans le bloc interne. C'était le dernier soir avant l'attaque décisive.

La place était vide. Nos « propagandistes » ont installé des haut-parleurs et ont appelé nos adversaires à reconnaître le caractère désespéré de leur situation et à se rendre. Des cris de colère et des moqueries leur ont répondu.

« Napoléon ne nous a pas conquis, les rouges n'y arriveront pas non plus ! » criaient les fascistes qui étaient encore environ deux mille. La radio de Saragosse leur promettait une aide rapide et les incitait à résister coûte que coûte.

Le matin du 6 septembre, notre artillerie et nos mitrailleuses ont commencé à faire feu. Des pluies de grenades se sont abattues sur le bloc de maisons. Il n'a pas fallu attendre longtemps pour que des fascistes sortent sur la place de la ville « imprenable ». Ils jetaient leurs armes et levaient les mains. Le combat était achevé.

Ce matin-là, le commandant de la 15e brigade internationale, le lieutenant-colonel Vladimír Čopić, est arrivé pour inspecter la ville fortifiée. C'était un soldat extrêmement doué et sympathique. Les interbrigadistes l'aimaient beaucoup et le respectaient. Il nous était très proche car il avait vécu de longues années en Tchécoslovaquie : sa femme était tchèque et il parlait notre langue. Et à présent il n'était pas chiche de compliments et de reconnaissance.

Après une semaine de repos dans un champ d'oliviers à environ vingt kilomètres de Belchite, nous avons rejoint les combats vers Fuente de Ebro. Nous y remplacions une unité espagnole pour y tenir la ligne de front. Cette dernière était relativement calme, hormis quelques attaques et échanges de balles. Lors d'une de ces attaques, une de nos unités a réussi à avancer jusqu'à Saragosse mais a dû revenir, faute de soutien de la part des autres unités latérales. Saragosse n'a pas été prise.

Les succès des républicains en Aragon ont soulagé les défenseurs asturiens, mais ces derniers n'ont finalement pas pu sauver le front nord. Tous nos combats et toutes nos victimes, tous nos efforts se sont fracassés contre la supériorité de l'ennemi : franquistes, hitlériens et fascistes italiens. Le bataillon Dimitrov était retiré du front quelque temps après.

Le magasin à Valence

Le village de Tamarite de Litera est proche de Lérida en Catalogne, dans un paysage de collines, typique du piémont pyrénéen. Après les lourds combats de Quinto et Belchite, notre bataillon y a été reconstitué, réorganisé. Le commandant des Dimitrov était maintenant Josef Pavel et la compagnie Žižka était commandée par Adolf Štern, un autre Slovaque qui remplaçait Picker, blessé au combat.

Moi aussi, j'ai eu une promotion : j'étais maintenant l'officier intendant militaire du bataillon. Je n'avais aucune expérience dans ce domaine, mes supérieurs et mes compagnons m'ont cependant jugé apte... Probablement parce que je parlais déjà correctement espagnol. Je n'ai d'ailleurs jamais eu de problème avec les langues.

Ma première tâche a été de préparer un repas pour fêter l'anniversaire du bataillon pour lequel j'ai demandé de l'aide aux membres de la mairie locale que j'ai bien sûr tous invités. Les élus m'ont prodigué des conseils donné des recommandations. J'ai trouvé 2 500 bouteilles de bière auprès du bataillon polonais voisin, de la viande, du vin et même du « cognac » chez des paysans. Le repas s'est tenu le 27 décembre dans la bonne humeur. J'ai été efficace, c'était le début d'une nouvelle carrière : bien que j'aie le grade de sergent, j'officiais comme capitaine.

Début 1938, nous avons à nouveau été transférés vers l'ouest, à Chillón près d'Almadén. D'autres unités tchécoslovaques se regroupaient là-bas pour former, sur décision de l'état-major, la 129e brigade internationale. Elle était commandée par le chef de bataillon polonais Wacek Komar.

En février, les bataillons « Masaryk[1] », commandé par Josef Michal, et « Djakovič », un bataillon yougoslave commandé par le volontaire macédonien Bauman (Demnijovski), ont été inclus dans la brigade.

Les fascistes ont entamé une puissante offensive sur l'est du front aragonais le 9 mars 1938. Leur but était d'atteindre la Méditerranée et de couper

1. Tomáš Masaryk (1850-1937) est le fondateur et le premier président de la République tchécoslovaque, de 1918 jusqu'à sa démission en 1935.

en deux le territoire républicain. Leurs troupes étaient bien motorisées et avançaient rapidement. Des tanks protégeaient les unités avancées, des avions assuraient la reconnaissance. Le front de Saragosse a été enfoncé.

Comme toujours, le commandement républicain a envoyé les Brigades internationales dans les endroits les plus menacés. Nous sommes arrivés sur le front au moment où l'ennemi exerçait déjà une pression sur Alcañiz, au sud-est de Saragosse. Quinto et Belchite étaient déjà perdus…

Nous avons reculé vers le sud en direction de Morella. Les routes poussiéreuses étaient encombrées de troupes à pied et de voitures civiles fuyant les combats. J'étais toujours responsable de l'approvisionnement du bataillon Dimitrov, et même, à un moment, de celui de toute la 129e brigade.

Pendant la retraite, les difficultés d'approvisionnement se sont accrues. À l'énervement et la confusion s'ajoutait une mauvaise organisation. Des dépôts entiers d'armes et de vivres tombaient entre les mains ennemies, alors que nous aurions pu les sauver.

Un jour, je suis parti avec mon chauffeur espagnol, dans notre camion 3 tonnes soviétique, vers un entrepôt près de Morella. Il fallait emporter le plus possible de marchandises, avant qu'il ne soit trop tard. À peu de distance de l'embranchement qui menait au dépôt, une patrouille républicaine nous a soudain arrêtés. Un soldat a ouvert la porte, le fusil pointé en criant :

« *Fuera, fuera del coche* [1].

— Pourquoi ? Je suis l'officier de ravitaillement de la 129e brigade et j'ai ordre d'emporter du ravitaillement depuis l'entrepôt. »

Je me suis adressé au soldat en lui montrant mes papiers mais il ne s'est pas laissé convaincre.

« Ça ne m'intéresse pas, a-t-il poursuivi d'un air têtu. Je confisque le camion pour un motif plus important, descendez !

— Vous n'avez pas...

— Je le répète pour la dernière fois : dehors ! »

Son fusil était menaçant, mais nous étions armés également et mon chauffeur cherchait déjà son pistolet. Je l'ai arrêté. Je ne pouvais et ne voulais pas tirer, ni risquer des vies pour un malentendu idiot.

Nous avons obéi. Les Espagnols ont pris le camion et sont partis vers Morella. Peut-être qu'ils en avaient vraiment besoin.

Cependant nous ne pouvions pas rester sans véhicule : nous devions exécuter nos ordres. Nous

1. « Dehors, sortez de la voiture ! »

étions désemparés au bord de la route, où passaient des colonnes de l'armée faisant retraite.

« Ne t'en fais pas, Juan. On va bien trouver quelque chose pour s'en sortir. »

J'essayais de calmer le chauffeur en lui tapant sur l'épaule, tandis qu'il se soulageait en proférant des expressions un peu rudes dans sa langue maternelle.

« Il faut absolument se procurer un véhicule, peut-être en utilisant la même méthode que celle qui nous a privés du nôtre. Viens, on va regarder autour de nous. »

Nous avions parcouru environ cinq cents mètres quand des avions ennemis nous ont survolés. La circulation s'est brusquement arrêtée et les gens se sont dispersés dans les champs. Les salves tirées depuis les avions jouaient du tambour sur les pavés et sur les capots des véhicules abandonnés. Nous nous sommes accroupis sous un arbre.

« C'est le bon moment pour nous, dès que cet orage sera passé. Il faut faire vite… »

Dès que les avions ont disparu, nous nous sommes précipités vers les voitures abandonnées. À quelques pas se trouvait un beau 5 tonnes Matford américain. Nous avons sauté dans le camion, mis le starter et démarré au plus vite, avant que quelqu'un ne puisse empêcher notre

« échange ». Finalement, nous étions gagnants : cinq tonnes contre trois tonnes. Les lois de la guerre sont impitoyables. Nous n'avions ni le temps, ni la possibilité de réfléchir aux règles du *fair-play*. Nous sommes arrivés sans encombre à l'entrepôt. Ce dernier était riche en réserves mais le magasinier ne semblait pas conscient de la situation du front. Les fascistes pouvaient être là dans quelques jours. Je lui ai demandé de me donner plus d'aliments que ce qui figurait sur mon ordre de mission, surtout des conserves, qu'il avait en quantité. J'avais maintenant plus de place pour le transport, c'était dommage de ne pas en profiter pour mettre à l'abri plus de vivres. Mais le magasinier n'a rien voulu entendre, il m'a quasiment accusé de sombres intentions et de corruption alors que je ne lui proposais rien. Nous avons chargé le camion avec ce qui était prévu, et l'avons laissé.

« Bouffe ça tout seul ! »

Trois jours plus tard, l'entrepôt et son magasinier sont tombés aux mains des fascistes.

Sur le chemin du retour, nous avons croisé des véhicules de l'armée républicaine abandonnés et mitraillés. De l'un s'écoulait du riz, tandis que l'autre perdait des légumineuses. Sous le suivant, il y avait un tas de boîtes de sardines. Nous nous sommes servis. Arrivés à notre bataillon, rien n'a été inutile, pas un seul grain de riz, pas une seule conserve.

Des groupes de troupes décimées revenaient du front. J'ai eu le temps de croiser par hasard des officiers blessés du bataillon Masaryk Jan Frolík, Jaroslav Křen, Josef Michal et d'autres. Ce qu'ils racontaient était triste, sombre. La marée fasciste avançait vers le sud.

Je leur ai donné à manger et ils ont continué vers un hôpital. L'ordre de détruire les positions du bataillon et de ses arrières est arrivé à ce moment-là. Nous entendions déjà au loin le grondement des tanks.

Nous avons chargé rapidement – mais de façon réfléchie – nos réserves sur le camion. La seule chose que nous n'avons pas pu emporter, ça a été les tonneaux de « cognac ». Les gars ont rempli leurs gourdes (des « réserves en fer ») et tiré sur les tonneaux pour que les fascistes ne puissent pas fêter leur victoire.

Nous avons reculé à l'ouest vers Cantavieja que Wacek Komar avait désigné comme notre futur point d'attache. Le bataillon Dimitrov devait s'y réorganiser et retourner sur le front. Pour le moment, le bataillon était sans son commandant Josef Pavel. Il était resté encerclé sur l'aile gauche du champ de bataille de Morella, avec toute la compagnie Žižka menée par Adolf Štern. Le bataillon ne comptait plus que quatre-vingts hommes environ. Les autres étaient tombés, faits prisonniers, ou dispersés. Beaucoup de nos hommes se sont retrouvés plus tard sur la partie est du front catalan, où ils ont formé une unité indépendante.

Je venais de distribuer un repas froid aux soldats quand le commissaire politique du bataillon, le Letton Ginsburg, s'est approché de moi. Il a sorti de sa poche des documents et des lettres qu'il m'a tendus.

« Donne ceci à ma femme, m'a-t-il demandé. Tu me vois pour la dernière fois. Soit je suis tué, soit je suis fusillé pour non-exécution des ordres. Je dois arrêter l'avance ennemie. Une folie ! Comment ? On ne peut faire face à des tanks et des canons avec une poignée d'hommes épuisés et sans armes. »

Le soir même, j'ai appris par un agent de liaison espagnol qu'il était mort en première ligne de défense, déchiqueté par un tir de mitrailleuse.

Sur le front et les routes régnait un chaos indescriptible. Les avions ennemis volaient au-dessus des têtes des combattants et des réfugiés. Ils leur tiraient dessus avec leurs mitrailleuses, leurs fusils et même leurs pistolets. Le 15 avril 1938, les troupes fascistes ont atteint la côte méditerranéenne à proximité de San Mateo et l'ont occupée sur une trentaine de kilomètres. Quatre jours plus tard, leur aile gauche arrivait à l'embouchure de l'Èbre. La République était déchirée en deux.

*
* *

Le bataillon Dimitrov a tout de même réussi à se remettre sur pied ; son commandant et la majorité de la compagnie Žižka sont parvenus à sortir de leur encerclement et à nous rejoindre. Les morts, blessés ou disparus ont été remplacés par de nouveaux volontaires. Nous ne nous rendions pas, la République poursuivait son combat désespéré.

Début avril, je suis parti pour Barcelone en camion. C'était de la folie, mais j'y avais passé une commande pour plusieurs dizaines de paires de chaussures de combat « rangers » et je ne voulais perdre la caution versée. Les commandes, en Espagne comme ailleurs (c'était la guerre…), étaient en retard et j'y suis allé pour rien. À l'état-major des brigades j'ai été fermement mis en garde : il ne fallait pas retourner sur le front qui était instable : la route pouvait être coupée à tout moment. Mon chauffeur a entendu l'avertissement et est resté à Barcelone. Quant à moi, j'ai décidé de prendre le risque de repartir. J'ai demandé un laissez-passer et me suis mis sans tarder en route.

Je me suis frayé un chemin sur la route côtière embouteillée en contournant des secteurs barrés. Plusieurs fois, on n'a pas voulu me laisser continuer car l'ennemi se rapprochait. Les fossés étaient remplis de carcasses de voitures et de matériel militaire. La nuit, je roulais phares éteints pour ne pas attirer l'aviation ennemie. J'ai rencontré à un carrefour l'ancien commandant de notre compagnie, Jaroslav Picker. Il était maintenant chargé des munitions.

« Ne va pas plus loin, les fascistes seront très bientôt au bord de la mer. Ils vont t'encercler ou te faire prisonnier. Tu sais ce qui est arrivé aux nôtres ! »

Je venais d'acheter dans un village voisin une cargaison de fruits et de légumes. Je ne voulais pas abandonner si près du but.

« Je vais prendre le risque, puisque je suis arrivé jusqu'ici.

— Comme tu veux. »

Jaroslav Picker a été tué en Tchécoslovaquie en 1944 lors du Soulèvement populaire slovaque.

J'ai poursuivi ma route, pas très rassuré. Je devais régulièrement m'arrêter. On entendait des tirs à proximité. Mon bataillon n'était plus à Cantavieja. Il avait reculé plus loin vers l'ouest. J'ai fini par le rejoindre sain et sauf. Il était temps : le lendemain la route de Barcelone était coupée.

À mon retour, j'ai appris avec surprise que pendant mon absence j'avais été « dégradé ». Comme j'avais été absent plusieurs jours en terrain dangereux, on m'avait simplement remplacé par Leopold Hofman. Au retour du « fils perdu », tout est redevenu comme avant.

Au printemps 1938, notre 129e brigade a été réorganisée à Villafranca, en conséquence des pertes subies. Au cours des semaines suivantes de ce printemps 1938, le front s'est stabilisé. Une courte pause avant la reprise de la bataille. Quand les combats ont recommencé, le bataillon Dimitrov est toujours intervenu dans les secteurs les plus difficiles.

Assurer le ravitaillement de l'unité était de plus en plus compliqué dans ces conditions. Les moyens dégagés par la brigade pour l'achat de vivres n'étaient pas suffisants, nous devions faire preuve d'ingéniosité et de débrouillardise.

J'ai, par exemple, réussi à acheter à un paysan quelques tonneaux de « cognac » : un litre pour trois pesos. L'alcool ne faisait pas partie des rations normales et les soldats devaient se l'acheter à la cantine. Je le vendais dix pesos. Même à ce prix usuraire il était très demandé et j'avais ainsi des moyens supplémentaires pour améliorer le quotidien des repas.

À un moment, nous n'avions plus dans notre entrepôt que des sacs de riz et de pois. Tout le monde en avait assez des sempiternels « risottos ». À chaque repas, j'avais droit à des remarques bruyantes et pas très aimables. Il n'y avait qu'une seule chose à faire : charger les sacs sur les camions et les échanger. Le riz et les pois étaient souvent une denrée rare dans les villages alentour. Le maire avait affiché sur la place notre offre et rapidement les villageois étaient venus avec ce qu'ils avaient à échanger : des pommes de terre, du saindoux, de la charcuterie artisanale, de la viande et même des chèvres et des cochons. À la satisfaction de tout le monde, nous utilisions la tarification officielle pour les échanges. Les remarques à mon encontre n'ont pas cessé, mais elles n'étaient plus désagréables.

Parfois nous devions utiliser des moyens plus drastiques. Les autorités ont décidé l'évacuation d'un village proche du front. Les paysans riches voulaient désobéir. L'un d'eux, qui élevait environ huit cents moutons sur ses prés, a refusé de nous les vendre. Pour qu'ils ne tombent pas entre les mains des ennemis, nous avons procédé à une réquisition de guerre. Le commandant a désigné quelques convalescents pour guider les moutons et, à partir de ce moment-là, notre réserve de viande a suivi le bataillon dans ses déplacements.

Un jour de chaleur, je me suis arrêté à Valence dans un restaurant pour boire un verre de vin rouge. À la table voisine étaient assis deux officiers allemands de la 11e brigade internationale, en compagnie d'un sergent slovaque. Un magnifique berger allemand était couché à leurs pieds. Au bout d'un moment un des officiers a sorti un saucisson de jambon de son sac et en a coupé un morceau pour le chien.

Je n'en croyais pas mes yeux. Le saucisson de jambon n'existait pas en Espagne. J'ai pris mon courage à deux mains et j'ai demandé à mes voisins où ils avaient acheté ce saucisson. Ils m'ont dit être charcutiers et fabriquer eux-mêmes, pour leur unité, ce jambon dans un entrepôt de la banlieue de Valence. Je leur ai montré mes papiers militaires et je les ai suivis dans leur atelier où j'ai immédiatement acheté cinq cents kilos de saucisson. Mon retour au campement a provoqué un véritable enthousiasme. Chaque soldat a reçu sa portion.

Parfois je réussissais à trouver des oranges, de gros oignons doux, des fèves et même des lapins et de la volaille. C'était plus compliqué avec le tabac. Je devais également trouver du linge, des chaussettes, des pulls et des mouchoirs (c'était de ma responsabilité), et c'était aussi difficile. Une mercerie de Valence m'a même été fatale...

*

* *

Pour pouvoir approvisionner les lignes avancées, qui étaient souvent situées dans des terrains peu accessibles, nous disposions de huit mules, bêtes robustes et tenaces, capables de transporter des montagnes de marchandises sur leur dos.

Un jour de la fin juin 1938, j'ai reçu l'ordre d'approvisionner des unités sur le front à environ soixante kilomètres de l'arrière. J'ai d'abord envoyé les mules, chargé deux camions pour les suivre, et nous sommes partis avec une cuisine de campagne en remorque. La route montait constamment en se tortillant entre des champs caillouteux dans un paysage où les paysans essayaient d'utiliser chaque lopin de terre. À l'entrée d'un village, nous avons reçu un tir direct de la part d'un avion ennemi. Sur mon camion, il y avait un mort et un blessé.

Nous sommes arrivés à la fin de la route carrossable. Nous ne pouvions plus compter que sur nos mules. Mais celles-ci n'étaient pas là. C'était le crépuscule, nous allions devoir partir. Il fallait la protection de la nuit pour marcher vers le front. À dix heures du soir, un agent de liaison nous a rejoints avec l'ordre de livrer avant quatre heures du matin les vivres et les réserves aux unités combattantes. Une attaque contre les positions fascistes se préparait.

Les cuisiniers avaient terminé la préparation des plats, les avaient rangés et avaient versé le café dans des thermos. Mais pas de mules à l'horizon. Ne pas ravitailler le front à temps, en plus avant une attaque, équivalait à du sabotage et était passible du tribunal militaire.

Je faisais nerveusement des allers-retours sur le chemin. Même le cuisinier français, d'habitude blagueur, était sombre. La situation n'était vraiment pas drôle.

Heureusement, un de mes compagnons espagnols connaissait les environs.

« *Compañero*, essayons dans le village. Il est à quelques kilomètres d'ici. Ils auront peut-être des bêtes. »

C'était une bonne idée, nous n'avions pas une minute à perdre. Il fallait faire la longue ascension d'une colline rocheuse. Je suis donc parti avec mes hommes armés. Les paysans, pauvres, n'avaient que des ânes. Ils nous ont suppliés de ne pas les réquisitionner car c'étaient leur seul outil de travail et qu'ils étaient épuisés par leur journée.

Mais nous ne pouvions pas faire autrement. Nous avons chargé l'essentiel sur cinq ânes affaiblis et sommes partis vers la montagne. Les bêtes tombaient d'épuisement, nous devions les pousser et les soutenir. Nous trébuchions sur les cailloux, et nous errions, perdus. C'était épuisant et nous sommes tous arrivés au but, hommes et bêtes, à bout de forces. Trop tard ! Les soldats étaient déjà en ligne et attendaient l'ordre d'attaquer. Le commandant du bataillon était hors de lui.

« Je vais t'envoyer au tribunal militaire. Ça peut te coûter la tête. Une affaire comme ça... et c'est toi qui as fait ça ! » m'a-t-il menacé.

Je me tenais debout comme une poule mouillée. Je lui ai expliqué ce qui s'était passé et j'ai essayé de me justifier :

« J'ai fait ce que j'ai pu. Les obstacles ont été plus forts que ma volonté et mes efforts. »

Je ne sais pas si ma défense était utile (le régime était sévère dans les Brigades internationales, justement parce qu'il s'agissait de volontaires), mais j'ai été aidé par un heureux concours de circonstances. Les Dimitrov ont attaqué, ont eu du succès et dans leur progression ont trouvé de nombreuses réserves abandonnées par les fascistes. Ma « faute » était ainsi sans conséquences et elle a été vite oubliée. D'ailleurs, les soucis étaient maintenant ailleurs : l'avancée n'avait pas été mise à profit, les unités voisines ont échoué dans leur soutien et les nôtres ont dû reculer en subissant de lourdes pertes. La plupart des officiers ont été blessés : parmi eux Adolf Štern, Jan Krejčí, Josef Vábr et Jindřich Drozd.

Je crains qu'un des commandants n'ait été fusillé à cause de cet échec.

La roue de la chance au combat tournait, et notre place était malheureusement le plus souvent en bas.

En juillet 1938, j'ai été de nouveau blessé : lors d'un approvisionnement sur le front, un éclat de grenade m'a atteint à la poitrine et cassé une côte. Je suis resté alité cinq ou six semaines à l'hôpital de Denia, un port au nord-est d'Alicante.

De retour dans mon unité, je n'ai pas retrouvé mon poste et je suis allé directement au combat. Peu de temps après nous avons été définitivement retirés du front.

Adieu l'Espagne

À l'été 1938, le Comité international pour la non-intervention a appelé les deux camps combattant en Espagne à rappeler de leurs rangs tous les combattants volontaires étrangers. Le gouvernement espagnol a protesté contre le traitement identique des deux camps : Franco s'était soulevé contre le gouvernement légal républicain. Mais le comité pensait avec optimisme que les fascistes allemands et italiens seraient obligés de rappeler leurs troupes d'intervention, qu'ils prétendaient composées de volontaires. C'est ainsi que Juan Negrín, président du Conseil, a accepté le 21 septembre devant la Société des Nations le retrait du front des Brigades internationales. Il a demandé également l'envoi en Espagne d'une commission chargée de surveiller l'exécution de cette décision.

Le 23 septembre, alors que de violents combats faisaient encore rage, le commandement républicain a ordonné le remplacement, dans leurs positions, des brigades par des troupes espagnoles.

Les Italiens ont rappelé environ 10 000 hommes, mais c'étaient en majorité des soldats blessés, des malades ou ceux qui devaient être relevés.

Rendre les armes et quitter le front, abandonner nos frères espagnols au moment le plus dur, quand ils avaient le plus besoin de nous, cela a été pour nous un véritable crève-cœur.

Mais nous comprenions les motivations de la République. Les adieux ont été émouvants ; nous n'avions pas honte de nos larmes. Nous étions également affligés par la situation en Tchécoslovaquie. Les accords de Munich, signés quelques jours après, condamnaient un autre État démocratique européen à une défaite humiliante. Cette période était tourmentée et tragique. Nous ne pouvions poursuivre un combat ni entamer le suivant. Nous étions prêts à revenir dans notre patrie si elle avait besoin de nous, mais Munich a effacé nos espoirs et nos résolutions. Nous avions l'impression que le nuage fasciste occultait tout le ciel.

*

* *

Dans une petite rue latérale de Canalegas près du centre de Valence se trouvait une mercerie, qui vendait également du linge et des gants. Sur son enseigne était écrit GUANTE VARADÉ. J'y passais lors de mes tournées de ravitaillement avant d'y revenir de plus en plus souvent. Ce magasin n'était pas mieux approvisionné ou moins cher. La principale raison de mes fréquentes visites se tenait derrière le comptoir : la jeune, la brune, la svelte Isabel avec laquelle il était si agréable de discuter et pas uniquement de sujets commerciaux.

Et comme la guerre exigeait des décisions et des solutions rapides, j'ai décidé un jour de décembre 1938 de rendre visite à ses parents pour leur demander la main d'Isabel (avec bien sûr, son accord préalable).

Les Vallet, c'est ainsi qu'ils s'appelaient, m'ont reçu avec gentillesse. Ils habitaient un bel appartement dans un immeuble de rapport. Ils étaient sept dans la famille ; trois des fils combattaient alors au front. Le père, un docker costaud, la mère plutôt menue. Les deux ont accepté ma demande. M. Vallet m'a assuré du respect qu'il avait pour les volontaires des brigades, venus mettre leur vie au service de la liberté de l'Espagne. Ils ont simplement émis le souhait que leur unique fille ne quitte pas le pays. C'était un souhait impossible à satisfaire ;

je n'étais pas maître de mes actes ni de mon destin, j'obéissais à la discipline militaire et à celle du parti.

Nous étions alors basés à Catadau près de Valence. C'est là que j'ai épousé Isabel, à la mairie, le 20 décembre 1938. Une cérémonie simple avec deux camarades pour témoins et une collation pour les parents et le petit frère de la mariée. Puis ce fut le retour aux obligations du quotidien, il n'y eut pas de voyage de noces. Isabel est retournée derrière son comptoir et moi, malgré mes protestations, de nouveau à des tâches d'intendance.

Le début de 1939 s'est déroulé sous le signe de la liquidation progressive des brigades et malheureusement de toute la République espagnole. La commission de la Société des Nations est venue dans notre campement pour vérifier que nous respections et exécutions les accords.

Nous nous sommes rassemblés à Barcelone, où nos épouses nous ont rejoints par bateau sous pavillon français. Isabel avait donné sa démission au magasin et entamé son aventure d'épouse de soldat, de migrant et de clandestin.

Juan Negrín est venu dire adieu aux brigades à Barcelone. Une tribune a été improvisée dans la cour des casernements, sous des guirlandes vertes, le drapeau espagnol et le drapeau rouge.

C'était une journée nuageuse de janvier. Je me tenais dans un coin de la cour et seules des bribes du discours de Negrín arrivaient jusqu'à moi. Sa voix tremblait.

« La guerre n'est pas finie… la lutte continue… commission internationale… trahison… nous n'oublierons pas votre aide… actes héroïques… »

Dolores Ibárruri[1] a ensuite pris la parole. J'avais déjà vu des photos de son visage décidé et régulier, aux yeux étincelants. Ses cheveux noirs étaient comme d'habitude coiffés en arrière. Elle parlait sans notes, avec passion ; on l'appelait « la Pasionaria ». Son discours était souvent couvert par des tonnerres d'applaudissements. Elle a terminé par ces mots :

« Vous aussi, frères de dizaines de pays et de peuples, vous êtes les enfants du peuple espagnol. Quand cette terre sera à nouveau libre, elle sera également votre patrie, votre foyer, si le vôtre vous est interdit ! »

La grandeur de ce moment était palpable.

L'Hymne de Riego et *L'Internationale* ont retenti. Puis le dernier défilé dans la capitale catalane eut lieu, les confettis noyaient les unités en marche, la ville résonnait de chants révolutionnaires et de cris :

1. Dolores Ibárruri (1895-1989), dirigeante charismatique du Parti communiste espagnol (PCE).

« Vive la liberté ! Vive la République ! Vive l'unité antifasciste ! »

Nous sommes partis en train vers Figueras mais nos épouses sont restées à Barcelone.

Les fascistes avaient enfoncé la ligne de front et avançaient vers l'intérieur de la Catalogne. Barcelone était de jour comme de nuit ébranlée par des explosions. C'était le chaos et la panique. Parmi nous, un groupe s'est procuré des laissez-passer et nous sommes retournés à Barcelone pour sauver les épouses et les enfants des brigadistes. Nous n'avions pas de moyens de transport pour eux, les trains ne circulaient plus. Nous avons dû nous emparer d'un camion sur la route, y faire monter femmes et enfants et le charger de bagages puis nous diriger vers la France. Il n'y avait plus d'organisation, chacun fuyait et se débrouillait seul.

Le voyage a été infernal. Les avions ennemis faisaient des cercles au-dessus de nos têtes. Nous étions perdus dans la foule des réfugiés. Au cours d'une attaque, nous avons dû courir dans les champs pour nous protéger. L'une de nos femmes a alors glissé son nourrisson dans les bras d'un soldat espagnol. Elle n'a jamais retrouvé son fils dans ce chaos.

Quatre cent mille personnes fuyaient vers la frontière française pour se mettre à l'abri. Barcelone est tombée le 26 janvier. La population restée sur place a accueilli froidement le défilé triomphal des fascistes. Le gouvernement de la République a quitté Figueras le 9 février et s'est réfugié en France. Deux jours après les franquistes contrôlaient tout le sud des Pyrénées.

Nous avons traversé la frontière française à Port-Bou. La France nous a accueillis avec un cordon de nos vieux amis, les gardes mobiles. Les gendarmes nous ont séparés de nos femmes et nous ont transférés vers la plage de Saint-Cyprien.

Nous avons abandonné l'Espagne, que nous avions marquée de notre sang et où des milliers des nôtres avaient trouvé la mort.

Le gouvernement espagnol est retourné une dernière fois à Madrid pour poursuivre une lutte désespérée. La ville est tombée le 28 mars 1939 aux mains des attaquants fascistes, quatorze jours après Prague. Notre mot d'ordre de combat « À Madrid on lutte pour Prague » s'est ainsi tragiquement réalisé.

Nous avons perdu ce jour-là deux pays chers à nos cœurs, deux patries.

Deuxième partie

Nous ne sommes pas vaincus

Interné en France

Le golfe du Lion n'était pas accueillant en ce début février 1939. Il y avait presque deux ans que je m'étais baigné, non loin de là, pour la première fois dans la mer, et que j'avais succombé au moins pour un moment au jeu des vagues et au saisissement de l'horizon sans fin. La mer était bleue, désormais elle était gris sale. Nous avions alors l'espoir chevillé au corps, nous étions des soldats qui allaient prendre les armes pour la liberté, que nous savions déjà indivisible. Nous étions désormais en fuite, déchirés, désarmés et épuisés, vaincus par un ennemi dont nul ne savait où il frapperait à nouveau ni où et quand il trouverait enfin son vainqueur.

On nous avait emmenés à Saint-Cyprien. D'autres étaient envoyés à Argelès-sur-Mer. Il pleuvait, un vent glacial soufflait, nulle part on ne voyait un arbre, une bâtisse, sans parler d'un abri quelconque. Juste une plage déserte, une bande sans fin de sable, délimitée suivant les besoins par un cordon de gendarmes. Environ trente mille hommes, trente mille soldats républicains et volontaires devaient trouver ici un refuge et des secours.

Il semblait que nous étions condamnés à mourir de soif, de faim, de maladies et de dépression. Mais la volonté de survivre a été plus forte que le désespoir et les conditions de vie.

Dès le premier soir, des feux de camp ont été allumés avec des branches apportées par la mer.

Nous avons creusé des trous dans le sable, nous nous sommes couverts d'une couverture ou d'un manteau et nous avons ouvert nos conserves métalliques. Au bout de quelques jours, des citernes d'eau sont arrivées, bien qu'en trop petite quantité : le pire était derrière nous. Les conditions d'hygiène restaient néanmoins indescriptibles. Il y eut des cas de typhus et d'autres maladies.

Il ne régnait aucune discipline militaire, chacun s'occupait de soi ou de ses compagnons les plus proches. Nous isolions les malades, les morts étaient immergés en mer. Malgré ces conditions de vie, il n'y eut jamais de mouvements de panique ni de conflits trop graves.

Au bout d'un certain temps, des organisations d'aide françaises et internationales, la Croix-Rouge et d'autres, ont commencé à s'occuper de nous. Nous avons reçu des dons, de l'argent, des vivres, du linge, du tabac et des médicaments. Des cuisines de campagne ont fait leur apparition, des buvettes se sont ouvertes où nous pouvions acheter diverses marchandises. Les échanges se développaient, des nouvelles du monde pénétraient dans le « camp ». Avec des planches qu'on nous avait apportées nous commencions à construire des abris primitifs. Certains interbrigadistes quittaient progressivement Saint-Cyprien pour retourner chez eux. C'étaient avant tout des Français, des Anglais, des Américains et des citoyens d'autres pays libres. Pour nous, pour les Espagnols et pour beaucoup d'autres il n'y avait plus de patrie où retourner. Ce n'était qu'un autre internement qui nous attendait. Mes problèmes personnels étaient pour le moment à l'arrière-plan, mais j'étais préoccupé par le sort de ma femme que je n'avais pas revue depuis le passage de la frontière.

Au bout de six semaines environ, fin mars 1939, nous avons été transférés petit à petit au camp de Gurs, dans le département des Basses-Pyrénées. C'était un véritable camp d'internement, bien qu'encore inachevé. Un alignement d'écuries en bois, réaménagées pour des hommes. Un espace très grand, partagé en unités plus petites par des grillages, et entouré d'une double barrière « très encourageante » de barbelés. Par-ci, par-là, une guérite ou une tour et, à l'horizon, les sommets enneigés des Pyrénées. Un indéniable progrès comparé à Saint-Cyprien. Il devait y avoir 25 000 à 30 000 hommes internés à Gurs.

Au début nous étions gardés par des soldats, mais ceux-ci n'étaient pas assez stricts ; ils conversaient parfois avec nous et nous proposaient des cigarettes. Il se disait même qu'un de leurs commandants avait servi dans l'armée républicaine espagnole. C'est pour cela qu'ils ont été rapidement remplacés par des gars durs et expérimentés : les gardes mobiles.

Dans l'ensemble, les conditions d'internement étaient « normales ». Une alimentation frugale mais régulière : pain et café noir le matin, repas chaud à midi et le soir ; des pommes de terre, des légumes, des légumineuses et parfois de la viande. Nous ne prenions pas de poids mais personne n'avait faim. Nous étions logés par groupes de cent, nous dormions sur des lits superposés ou des châlits. Nous étions regroupés par nationalités et les communications entre les différents groupes étaient sévèrement limitées. Il y avait environ cinq cents tchécoslovaques à Gurs. L'autogestion du camp était très efficace. Nous organisions des épreuves sportives, des concerts, des spectacles théâtraux ou des cercles de lecture. Il y avait parmi nous des artistes qui fabriquaient des figurines d'échecs. Je me souviens que nous avions organisé une exposition de modèles et de créations manuelles des interbrigadistes : dans un baraquement, préalablement vidé, étaient exposés des maquettes d'avions, de trains et de chemins de fer, de bateaux, et d'autres créations. Les Tchécoslovaques présentaient une œuvre collective : une maquette de hauts-fourneaux.

Nous recevions toujours des cadeaux non seulement de France, mais aussi d'Angleterre, des pays nordiques et d'outre-mer.

Certains de nos camarades étaient tentés de s'évader. Quatre tentatives ont eu lieu dans mon environnement immédiat : Antonín Kobylák, František Kubát, Ostřejš et un Slovaque, mais celui-ci a été tué par balle avant même de traverser la petite rivière non loin derrière les barbelés. Les trois autres sont parvenus à passer en Espagne. Kobylák a réussi par des voies compliquées à retourner dans le protectorat de Bohême-Moravie et de là en Pologne ou en Ukraine où il est mort. Kubát a été arrêté par les franquistes qui l'ont remis aux Allemands. Lors de son transfert vers les camps, il a sauté du train quelque part près de Prague. Il s'est caché et a survécu. Ostřejš a réussi à rejoindre la Grande-Bretagne, où il s'est engagé dans l'armée tchécoslovaque.

Au bout d'un certain temps, nous avons eu l'autorisation d'entretenir des relations épistolaires avec l'extérieur. J'ai écrit plusieurs lettres à ma mère et surtout à mon frère, à Paris. Je voulais qu'il me donne des nouvelles de ma femme. Il n'avait heureusement pas perdu son adresse, que je lui avais donnée avant notre séparation. C'est ainsi qu'elle a pu lui écrire qu'elle était internée dans un camp féminin. J'ai donc pu retrouver un contact avec Isabel, mon cœur était plus léger. Elle était saine et sauve. Le contact avec mon frère m'a permis d'améliorer mon quotidien. Ses envois de victuailles, de tabac et même d'argent m'étaient très utiles. Bien entendu, nous partagions tout avec nos camarades moins chanceux. La solidarité était une évidence pour les interbrigadistes.

Nous maintenions notre moral par des discussions politiques et des réunions secrètes. Certains de nos camarades étaient même en contact avec la direction parisienne du PCF et nous informaient régulièrement de ses directives et de l'évolution de la situation internationale.

C'était l'été 1939 ! L'Espagne vaincue, la Tchécoslovaquie détruite et occupée, Hitler voulait Dantzig et à l'ouest les dirigeants politiques ne voulaient toujours rien entendre d'une guerre avec l'Allemagne…

Nous n'étions pas des partisans de la guerre, nous avions vécu assez de ses horreurs pour ne pas vouloir la paix. Mais la paix avec le fascisme était impossible. Je ne faisais pas partie des pacifistes aveugles. On nous avait déjà expliqué par le passé la nécessité de guerres de défense, justes et libératrices. J'étais conscient que si une guerre éclatait contre l'Allemagne nazie, je serais au premier rang.

*

* *

« Vous avez entendu, les gars ? » a dit Alik Neuer[1], qui était apparu dans la porte ouverte du baraquement. Ses grandes oreilles étaient écarlates,

1. Alik Neuer, Peter Snauko de son nom de clandestinité, né le 5 janvier 1914 à Cernova (royaume de Hongrie, Slovaquie) et mort fusillé le 6 octobre 1943 au Mont-Valérien était lui aussi dans les Brigades internationales. Résistant militant communiste, il est le responsable technique dans le triangle de direction des FTP-MOI parisiens quand il est arrêté début juillet 1943 et remplacé à son poste par Missak Manouchian.

il gesticulait nerveusement. Nous étions au matin du 1er septembre 1939.

« Quoi ? Qu'est-ce qu'il y a ?

— Les Allemands ont envahi la Pologne ! La radio vient de l'annoncer. Ça pourrait vouloir dire la guerre ! »

Ça le disait.

Quelques jours plus tard la France et la Grande-Bretagne déclaraient la guerre à l'Allemagne. La Seconde Guerre mondiale commençait.

Sauf que, dès le début, c'était une drôle de guerre. Dans la presse française, on ne lisait pas de gros titres sur une offensive en Rhénanie mais sur l'interdiction et la dissolution du PCF.

Les communistes français déclaraient qu'ils n'allaient verser leur sang ni pour Daladier, ni pour Chamberlain, les partisans de Munich qui trahissaient les intérêts de leur pays et de la classe ouvrière, et dont le seul but était la destruction de l'Union soviétique.

Dans le camp de Gurs, des discussions et des disputes passionnées avaient également lieu. Nous discutions en mangeant, pendant les promenades, avant l'extinction des feux ou pendant la nuit, au lieu de dormir.

« On ne peut pas participer à une guerre qui n'est pas en faveur de la classe ouvrière !

— Le boycott de la guerre est absurde, Lénine le savait déjà. Après tout, il ne s'agit ni de Daladier, ni de Chamberlain. L'ennemi principal est Hitler. On doit s'allier avec tous ceux qui veulent le combattre.

— Sauf qu'ils ne veulent pas le combattre ! Tu ne vois pas que tout ça c'est du vent ? Ils prétendent un conflit, mais un corbeau n'arrache pas les yeux à un corbeau. Même classe, mêmes impérialistes.

— Bêtises ! Sectarisme ! Tu as oublié le Front populaire ? En Espagne, ne soutenait-on pas Caballero ? Ne combattait-on pas dans les tranchées à côté de nationalistes, d'anarchistes ?

— C'était autre chose. La situation actuelle est différente. D'ailleurs, j'obéis aux directives. »

Je ne participais pas à ces discussions. J'écoutais attentivement et je comparais les arguments. Il y avait encore un mois, tout était clair pour moi : par où passait la ligne de front, qui était ami et qui était ennemi. À présent, tout s'était horriblement embrouillé et mélangé. Je ne m'occupais pas de « haute » politique, je ne la comprenais pas. Bien sûr, je haïssais les nazis et les fascistes, et je voulais les voir disparaître avec tous leurs crimes. Je savais aussi par expérience qu'en France et en Angleterre, il y avait beaucoup de gens avec des opinions différentes et même opposées. Et, malheureusement, des personnes qui n'étaient pas insignifiantes…

Nous avons tout de suite ressenti les conséquences de la guerre et de la tension politique dans les mesures prises par le commandement du camp. Dès le 3 septembre, des gardes sont venus chercher dans nos blocs Winterstein-Horský[1], Josef Pavel, Otakar Hromádko, František Knézl[2], Štefan Fábry[3], Rudolf Bukáček[4], Miloš

---

1. Jiří Horský (1909-2005), de son vrai nom Jura Winterstein, est membre des Brigades internationales et engagé volontaire pendant la guerre d'Espagne. Il sert dans le bataillon Dimitrov et reçoit la croix de guerre tchécoslovaque.

2. František Knézl (Nitra, 1908 - Bratislava, 1960) est un fonctionnaire du Parti communiste, membre des Brigades internationales en Espagne (1936-1939) et de l'armée tchécoslovaque en Grande-Bretagne.

3. Štefan Fábry (1911-1992) est un homme politique tchécoslovaque membre du Parti communiste. Membre des Brigades internationales en Espagne, il rentre en Tchécoslovaquie après la guerre où il participe à la Résistance.

4. Rudolf Bukáček (1912- ?) rejoint les Brigades internationales en 1937 en tant que capitaine du bataillon Masaryk avant de s'engager dans la Résistance auprès des FTP-MOI en France. Après la guerre, il devient fonctionnaire au ministère de l'Intérieur et des Affaires étrangères à Prague. Voir les notes biographiques en fin d'ouvrage.

Nekvasil[1], Alik Neuer et d'autres interbrigadistes. Ils ont été désignés comme les agitateurs révolutionnaires les plus actifs et ont été transférés dans un autre camp d'internement au Vernet.

Leurs destins ont été divers. Hromádko a réussi à s'évader rapidement. D'autres, comme Pavel, ont ensuite été transférés dans des camps en Afrique du Nord et ont rejoint l'Angleterre après le débarquement allié en 1943. D'autres enfin se sont engagés pour travailler en Allemagne après la défaite et ont essayé de s'enfuir des camps de regroupement, soit pour rejoindre les partisans soit pour retourner dans leur patrie. J'en ai retrouvé quelques-uns plus tard à Paris.

Une autre mesure, très certainement suggérée par la police, a été l'enregistrement de tous les internés, avec prise d'empreintes digitales. Nous étions appelés par groupe et je ne sais toujours pas comment j'ai pu échapper deux fois à cette procédure.

---

1. Miloš Nekvasil (Tabor, 1910 - Prague, 1998) commande le bataillon de fusiliers motorisés TGM des Brigades internationales en Espagne et s'engage dans la Résistance en France. Des fragments de ses mémoires ont été publiés en 1993 dans la revue *Matériaux pour l'histoire de notre temps* : « Témoignage sur la résistance tchécoslovaque en France pendant la Seconde Guerre mondiale ».

Un jour d'automne, deux officiers en uniforme tchécoslovaque, les lieutenants Zelený et Hanák, sont arrivés à Gurs. Ils venaient d'un camp de regroupement de l'armée tchécoslovaque qui était en train de se former à Agde. Ils voulaient nous informer nous, citoyens tchécoslovaques, de leur procédure de recrutement.

En effet, quelques jours auparavant, le Dr Edvard Beneš[1] avait réussi à obtenir l'accord du gouvernement français pour la création du Conseil national tchèque dont le but premier était l'organisation de l'armée tchécoslovaque à l'étranger. La mobilisation de tous les citoyens tchécoslovaques en France a été proclamée, nous étions donc concernés. Le lieutenant Zelený avait un comportement très amical envers nous. À la suite de son intervention, notre ordinaire s'est amélioré : nous avions même droit à du vin. On nous a changé nos chaussures et nos vêtements déchirés. De courtes promenades en dehors du camp étaient autorisées.

1. Edvard Beneš (1884-1948). Il est l'un des fondateurs de la Tchécoslovaquie et président de la République tchécoslovaque de 1935 à 1938 et de 1939 à 1948. Il fonde en 1940 à Londres le gouvernement tchécoslovaque en exil et en assume la présidence.

Quelques jours après cette visite, la commission de conscription composée de médecins et d'officiers est arrivée. Le recrutement pouvait commencer.

La situation n'était pas simple. Les organismes tchécoslovaques ne jouissaient d'aucun droit administratif en France. Ils n'avaient aucun pouvoir de poursuite ni de sanction et ne pouvaient de fait compter que sur notre bonne volonté et notre discipline. Selon la loi française, en tant qu'étrangers nous ne pouvions intégrer l'armée que comme volontaires.

Par ailleurs, c'était pour nous la seule possibilité d'échapper à l'internement. Nous avions également reçu de la direction parisienne du parti l'instruction d'obéir à l'appel de mobilisation et de mener ensuite une activité révolutionnaire au sein de l'armée, suivant l'opinion qu'avait alors le parti sur le caractère de cette guerre.

De nouvelles disputes entre interbrigadistes se sont déclenchées à Gurs. Obéir ? Désobéir ? Certains ont carrément refusé de se présenter devant la commission, ils ne voulaient rien entendre sur la guerre ou sur l'armée bourgeoise tchécoslovaque. Ils étaient rejoints par quelques Slovaques qui espéraient un rapatriement dans leur pays.

La majorité d'entre nous s'est néanmoins présentée devant la commission. Mais là, nous avons constaté que ces messieurs derrière la table étaient sélectifs. Et pas seulement concernant notre aptitude physique. Ils devaient avoir la liste de ceux qu'il était inenvisageable de recruter pour des raisons politiques. Il était impossible autrement de comprendre la décision d'« inaptitude » formulée à l'encontre de personnes qui et sur le plan de la santé et sur celui de la qualification auraient été utiles à toute armée. À l'époque, les voies de l'armée et de la bureaucratie politique étaient impénétrables.

La plupart d'entre nous ont toutefois été déclarés « aptes ». Le premier transport composé d'environ cent cinquante à deux cents hommes est parti pour Agde le 20 décembre 1939. Le 4 janvier 1940 partait le second, dans lequel je me trouvais.

Ne sont restés à Gurs que les malades, les réfractaires et les refusés. Leur destin a été semblable à celui de ceux partis au Vernet.

Un troisième groupe d'interbrigadistes est arrivé à la mi-avril mais il a été immédiatement isolé du reste du camp. Ses membres n'ont pas intégré l'armée et ont été transférés au camp d'internement d'Argelès-sur-Mer. En faisaient partie les éléments peu sûrs et suspects.

Avec mes compagnons, j'ai donc échangé l'uniforme d'interné pour l'uniforme de l'armée tchécoslovaque à l'étranger. Il n'était guère meilleur ni plus résistant. Je ne l'ai d'ailleurs pas porté bien longtemps.

Les soldats rebelles

Agde se trouve à cent cinquante kilomètres à vol d'oiseau à l'ouest de Marseille. C'est un vieux village de pêcheurs, sans grand port. Nous n'avons pas été bien accueillis. Le camp était probablement pire que celui de Gurs. Quelques baraquements primitifs, dans lesquels s'infiltrait l'eau. Il n'y avait aucun équipement sanitaire de base. Ce n'était pas étonnant : le camp avait été construit au départ pour l'internement de républicains espagnols.

La nourriture n'était pas non plus à la hauteur. Mais le défaut principal était l'armurerie. Elle ne répondait ni en quantité, ni en qualité aux exigences d'une guerre moderne. La France, trop sûre de sa ligne Maginot, négligeait son armement. L'armée tchécoslovaque était, de plus, considérée comme secondaire et on lui avait attribué les pires armes, qui devaient déjà rouiller dans les entrepôts.

Nous avons aussi été étonnés par notre premier rassemblement. Par un triste matin froid et pluvieux, nous nous tenions en rang, sur l'esplanade entre les baraquements. Nous étions curieux de connaître notre nouveau commandant.

Il est arrivé au bout d'un moment. Accompagné d'autres officiers, il marchait d'un pas résolu, dans un uniforme parfaitement taillé et des bottes cirées. Le colonel Janouch, commandant du 1er régiment d'infanterie.

Les rapports habituels, les saluts, les ordres, les claquements de talons. Nous connaissions cela depuis le service militaire et nous méfiions de ces symboles : l'armée bourgeoise, les officiers bourgeois, la drôle de guerre...

Le colonel était robuste. Il a écarté les jambes, mis ses mains derrière son dos et proclamé :

« Soldats ! Vous êtes entrés dans l'armée tchécoslovaque à l'étranger pour aider à combattre notre ennemi de toujours, l'Allemagne, et pour libérer notre patrie asservie aux côtés de nos grands alliés, la France et l'Angleterre. »

Ses mots grandiloquents nous ont laissés de marbre. Nous combattions déjà nos véritables ennemis à l'époque où Monsieur le colonel faisait briller les chaises de l'état-major. Nous avions également notre propre opinion sur ces « grands alliés » qui avaient pris le temps de sentir d'où soufflait le vent. Ils auraient pu éviter la défaite de l'Espagne et l'asservissement de la Tchécoslovaquie.

Il est vrai qu'à l'époque tout était blanc ou noir également pour nous. C'est à la suite d'autres expériences amères et d'événements historiques que nous avons appris à distinguer des nuances plus fines de couleurs…

Pendant ce temps, le colonel Janouch continuait dans le même style. Il décrivait également la discipline sévère exigée par lui et les autres officiers. Il insistait sur le fait qu'il ne tolérerait aucun engagement politique subversif. La seule activité politique admise était l'accomplissement zélé et rigoureux des obligations de service et des ordres de nos supérieurs.

Il était bien informé sur ceux à qui il s'adressait. La tension entre nous a grimpé. La voix du colonel a pris de la force.

« Et si vous persistiez dans vos convictions, je peux vous assurer que je chasserais ces idées communistes de vos têtes ! »

C'en était trop. Un brouhaha et des cris de protestation ont retenti dans nos rangs. Janouch, embarrassé, s'est tu. Il a salué rapidement et a vite quitté les lieux avec son escorte.

Les présentations mutuelles s'étaient mal terminées : nous nous sommes séparés en mauvais termes.

Le bruit courait que le lieutenant Zelený (qui était présent et qui ne devait pas se sentir à l'aise) avait essayé de convaincre le colonel de réunir les brigadistes en une compagnie indépendante, qu'il voulait probablement commander. Janouch avait catégoriquement refusé sa proposition ; ces brigadistes « suspects » ne devaient pas rester ensemble, il fallait les éparpiller dans les différentes unités. Et c'est ce qui s'est produit. On ne nous a, bien entendu, reconnu aucun des grades que nous avions obtenus pendant la guerre d'Espagne.

J'ai été affecté comme simple soldat à la 12e compagnie de mitrailleuses du troisième bataillon puis à la 4e du premier bataillon. Mon commandant était le lieutenant Pechal (l'un des futurs parachutistes morts en Tchécoslovaquie pendant les combats contre l'occupant). C'était un commandant autoritaire, qui veillait à ce que nous suivions tous la formation de base. Pour la combientième fois ? Nous avions du mal à le supporter.

Un jour, je me suis enfoncé un clou dans ma jambe blessée. Elle était enflée. Le médecin m'a fait un certificat de dispense d'exercices physiques pour quinze jours. J'ai profité du temps libre ainsi acquis. Bien que dispersés parmi toutes les unités, nous n'avions pas cessé d'avoir une activité politique, malgré les menaces du colonel. Ce n'était pas un jeu : nous risquions à l'époque la peine de mort pour propagande communiste.

Nous n'oubliions pas nos camarades internés. Nous faisions des collectes de cigarettes, de linge, d'argent et autres pour les envoyer à Argelès-sur-Mer ou au Vernet. Eux nous envoyaient de jolis modèles réduits d'armes et d'avions que nous utilisions comme prix dans des loteries improvisées pour leur renvoyer l'argent ainsi obtenu.

*

* *

Le jour anniversaire de Masaryk, le 7 mars 1940, nous prêtions serment. Nous avons profité de cet événement pour demander, lors du rapport, la libération de nos épouses, toujours internées dans des camps. Nous en avions le droit en tant que soldats tchécoslovaques. Les officiers ont rédigé avec nous un procès-verbal, ont demandé leurs adresses. Nos épouses furent à Agde dans la semaine.

Je n'avais pas vu Isabel depuis plus d'un an. Elle avait maigri mais ne se plaignait pas. Nous avions congé pour la soirée mais nous n'avons pas trop parlé, il y aurait du temps pour cela, une prochaine fois.

L'épouse de l'un de nos généraux était à la tête de la Croix-Rouge. Elle a pris nos femmes sous son aile et a obtenu qu'elles puissent se restaurer à la cantine des officiers. J'y connaissais un des cuisiniers qui travaillait auparavant dans un hôtel parisien. Isabel a ainsi vite retrouvé son poids d'avant. Les femmes ont reçu une aide financière de la Croix-Rouge, qui finançait également leur logement en ville. J'ai obtenu un laissez-passer permanent et nous passions ainsi nos soirées avec Isabel au « foyer familial ».

Cette idylle n'a pas duré longtemps. Fin mars, j'ai été transféré dans l'artillerie à La Nouvelle, au bord de la mer, à environ soixante kilomètres au sud-ouest d'Agde. C'était la fin des rencontres quotidiennes avec ma femme ; nous pouvions désormais nous voir au mieux une fois par semaine.

Les conditions de vie à La Nouvelle étaient semblables à celles d'Agde. Avec le même armement catastrophique. Si nos canons ne se souvenaient pas de la guerre contre la Prusse, ils n'étaient certainement pas beaucoup plus jeunes. Ils avaient des roues en bois et leur vitesse maximale autorisée était de 15 km /h. Plus vite, elles risquaient de se décomposer. Les canons étaient tractés par des chevaux et moi j'étais affecté aux écuries.

Après tout, il faut savoir tout faire, surtout à l'armée. J'ai donc appris à brosser un cheval, à l'atteler, le nourrir et à mettre de l'ordre dans son box. Un cheval marron était très agressif et j'avais peur de m'approcher de lui. Un jour où je le sortais avec précaution des écuries, en compagnie du second de l'attelage, il s'est effrayé et est parti en entraînant l'autre cheval en direction du môle.

Ils me traînaient derrière eux comme un condamné de ces westerns sanglants. Les rênes s'étaient enroulées autour de mon poignet et je n'arrivais pas à me dégager. J'étais ballotté dans tous les sens et je ne pouvais que crier. Les gens se rassemblaient mais personne n'osait se rapprocher.

J'ai enfin réussi à me libérer, et les chevaux ont alors disparu dans le port de pêche. C'est du moins ce que j'ai supposé en entendant les cris provenant de ses ruelles étroites. Je ne me suis pas occupé d'eux. J'étais sale, je saignais et surtout, j'étais furieux. Sales bêtes, qu'elles aillent au diable. Je n'allais pas me laisser estropier !

Je me suis assis dans l'écurie sur un seau renversé et j'ai bandé ma main blessée. La peau était bien déchirée. À ce moment-là, la porte a volé en éclats et le sergent Jebáček est apparu. Il était très fâché. Nous ne nous aimions déjà pas beaucoup, comme cela arrive souvent dans l'armée. Ce désamour me gênait d'ailleurs plus que lui. *Nomen est omen*[1].

« Ickovič, allez immédiatement chercher les chevaux ! Qu'est-ce que vous croyez ? Ils sont on ne sait où et lui il se prélasse ici en soufflant sur son bobo ! »

La subordination me disait d'obéir mais j'étais un soldat rebelle. De plus j'étais furieux à cause de mon sort.

« Allez les chercher vous-même, ai-je rétorqué. J'en ai assez de ces sales bêtes. Elles m'ont presque traîné à mort ! »

Bon, c'était une révolte. Une révolte ou pour le moins un refus d'obéissance. Ça c'était certain, et d'ailleurs je ne sais toujours pas s'il y a une différence entre les deux.

Le sergent Jebáček a cherché son souffle. « Ça, vous allez me le payer ! » Je n'avais pas l'air trop craintif. Il a donc préféré faire demi-tour et est parti.

Le jour du procès-verbal, j'avais heureusement encore dans ma poche le certificat médical et ma jambe enflait toujours. Le médecin a reconnu que j'étais inapte au travail dans les écuries. Le verdict qui suivit était acceptable :

---

1. « Le nom est un présage », locution latine. L'auteur fait sans doute écho à son prénom, Salomon, qui, en référence au roi Salomon dans la Bible, représente « celui qui apporte la paix ».

« Le soldat Salomon Ickovič est transféré au service de garde de l'entrepôt de l'intendance. »

L'intendance à l'armée, c'était mon destin.

Au bout d'un certain temps, l'armée a commencé à dresser la liste des conducteurs de véhicules à moteur. Je me suis inscrit. Nous sommes partis quelque part vers Paris pour chercher des camions qui étaient ensuite utilisés pour tracter les canons ou bien transporter les troupes. Je suis devenu chauffeur et je m'occupais du transport des soldats et des canons vers le terrain d'entraînement.

Un matin de printemps, la voix étrangement grave et sévère du speaker de la radio a attiré notre attention.

« Attention, attention ! Restez près de votre poste, nous allons diffuser une information importante. »

Nous nous sommes précipités vers la radio. Que se passait-il ? La musique s'est arrêtée et nous avons entendu :

« Le commandement suprême français informe que ce matin, à 5 h 35, les troupes allemandes ont franchi les frontières de la Belgique, des Pays-Bas et du Luxembourg. Cette violation de la neutralité de trois pays… »

Le calendrier mural portait la date du 10 mai 1940. Le calme sur le front ouest s'achevait. L'offensive allemande avait débuté.

La lutte continue

La situation sur le front se détériorait rapidement. Les Allemands avaient occupé en un temps éclair les trois petits pays et pénétraient profondément en France. Il n'y a pas eu de nouveau « miracle de la Marne » pour les Français. Notre infanterie est partie sur le front à l'est de Paris, dans la première moitié de juin. L'armée française se décomposait déjà et tous fuyaient dans la panique vers le sud. À nouveau les mêmes scènes qu'en Espagne. Je n'arrivais presque plus à m'imaginer la guerre autrement.

Notre artillerie était également en état d'alerte. Un jour on nous a annoncé notre départ : je n'ai pas dormi cette nuit-là. Puis l'ordre a été annulé. Nous n'allions plus au front. Je pense que celui-ci n'existait plus.

Nous avons été rassemblés à La Nouvelle. L'un des majors français qui accompagnait notre lieutenant a pris la parole.

Son discours n'était plus solennel mais haché et décousu. Nous comprenions que nos unités présentes sur le front avaient été dispersées, que des soldats essayaient de revenir par leurs propres moyens et que le reste de l'armée se préparait à être évacué en Angleterre.

Un nouvel émoi.

« Où, en Angleterre ?

— Qu'est-ce que ça veut dire ?

— Qu'est-ce que c'est que cette idée ? »

Des cris de colère ont interrompu son discours. La discipline s'était assez relâchée.

« On n'a même pas commencé à faire la guerre contre les Allemands et on doit déjà fuir ?

— Qu'est-ce qu'on va faire en Angleterre ?

— Nos familles sont en France ! On veut y rester et combattre. »

Notre officier est devenu rouge et a crié :

« Pas de discours politiques ! Vous êtes soumis à la règle militaire, vous avez prêté serment ! »

Il a regardé interrogativement l'officier français et ils ont discuté un moment. Notre agitation ne retombait pas. Nous avons rompu les rangs et entouré les officiers. Le lieutenant a réussi à se maîtriser.

« La situation est totalement confuse. Nous n'avons pas de directives de l'état-major, a-t-il continué en agitant les bras. Nous pensons que la division, en tant qu'unité militaire, sera dissoute et que seuls les volontaires embarqueront sur les bateaux d'évacuation. Ceux qui voudront rester ici pourront le faire. »

Le rassemblement était terminé mais les soldats restaient en petits groupes et discutaient avec passion. C'étaient des hommes d'origines et d'âges divers. Chacun attendait un conseil du voisin, mais devait décider seul.

Que faire ? Ma situation personnelle semblait claire. Isabel, depuis peu enceinte, se trouvait à Agde. Je ne voulais pas qu'elle coure le moindre risque en voyageant. J'attendais aussi les directives du parti…

L'après-midi même nous avons été transférés à Agde. Le camp était devenu un camp de transit. En groupes ou seuls, les soldats revenaient du front. Sales, épuisés et désarmés. Certains marchaient avec peine, les blessés graves étaient emmenés en véhicule. Partout autour régnaient le chaos et la démoralisation. Les civils traînaient de lourdes valises et des paquets.

Nous avons emmené nos gars en camion vers Sète car les grands bateaux ne pouvaient accoster à Agde. Lors du premier voyage, j'ai pris dans ma cabine un jeune gars originaire de Bohême du

Sud. Il devait avoir au plus dix-neuf ans et la tête enveloppée d'un bandage ensanglanté.

« Un éclat de grenade ? »

Il a acquiescé. Je lui ai donné une cigarette.

« J'ai connu ça aussi, deux fois. Ça fait déjà un certain temps. C'était comment là-bas ?

— N'en parle même pas ! La retraite, la fuite, la panique…

— Je connais. Vous avez combattu, au moins ?

— Oui, un court moment. Près de Gien, sur la Loire. Mais à peine avions-nous commencé à nous défendre et à tirer sur les boches qu'on nous a pris nos mitrailleuses. Avec les munitions qui nous avaient été distribuées on pouvait, au mieux, tirer sur des moineaux. Imagine-toi qu'on ramassait les munitions que les Français jetaient.

— Oui.

— Ensuite on devait protéger la traversée du fleuve par les Français. Ils étaient tous déjà sur l'autre rive et nous, nous devions retenir les tanks avec nos fusils ! Quelqu'un parmi eux s'est rendu compte qu'il restait un pont debout. Ils l'ont fait exploser devant nous. Tu n'imagines pas ce qui s'est passé : nos gars ont tout jeté et ont sauté dans le fleuve. Les Allemands les tiraient comme des chiens, depuis la berge. Moi, j'ai pu traverser sur une barque. Personne ne sait combien d'hommes y sont restés.

— Et ta blessure, c'était où ?

— Encore dans les tranchées devant la ville. « Tranchées » est un bien grand mot. En fait, on n'avait eu que le temps de creuser quelques trous dans le sol.

— Tu penses que quelqu'un arrivera à les arrêter ? »

J'aurais moi-même aimé connaître la réponse à cette question.

Nous étions arrivés. Des bateaux étaient à quai. C'est le gouvernement de Grande-Bretagne lui-même qui aurait donné l'ordre à sa flotte méditerranéenne de prendre en charge les Tchécoslovaques. Il y avait probablement également des bateaux égyptiens.

Je faisais ainsi des allers-retours en permanence entre Agde et Sète. Lors de l'un de ces voyages, j'ai rencontré Ladislav Holdoš. Son visage, d'habitude juvénile et souriant, exprimait toute la tension de ces derniers jours.

Il a sauté sur le marchepied et s'est penché vers moi.

« Ne va pas en Angleterre. La direction du parti a décidé que vous deviez rester. La lutte n'est pas terminée, elle va se poursuivre en France, ou à la maison. Transmets ce message à tous les nôtres que tu rencontres. On reste en contact !

— Je comprends, je vais faire de mon mieux. Donnez-nous vite de nouvelles instructions. »

Nous nous sommes séparés et j'ai filé vers Agde pour un nouveau « chargement ». J'ai transmis les instructions à deux camarades qui s'occupaient du transfert vers le port. Mais la plupart des hommes étaient déjà embarqués. Les instructions ne sont pas arrivées à tous les interbrigadistes ; plus de la moitié d'entre eux étaient déjà évacués vers l'Angleterre. À part nous, il ne restait dans le camp que les soldats qui avaient des attaches en France et quelques Slovaques qui espéraient être rapatriés.

*

* *

J'ai rendu visite à ma femme pour la rassurer et je suis retourné à La Nouvelle. Le camp avait été repris par les Français. En juillet, nous nous sommes tous concentrés à Agde : les Français avaient trop à faire pour s'occuper de nous. Un jour, une commission allemande est venue pour liquider le reste de l'armée tchécoslovaque. Ils dressaient surtout la liste des véhicules, les armes obsolètes ne les intéressaient pas beaucoup. Ils peignaient des lettres et des chiffres sur leurs prises. À peine étaient-ils partis qu'en bons combattants chevronnés, nous versions du sable dans les transmissions, nous crevions les pneus ou nous sectionnions des câbles. Les camions se sont transformés en épaves. Nos premiers sabotages !

Nous quittions petit à petit Agde. Certains se faisaient démobiliser, d'autres se procuraient de faux papiers. Cependant il restait beaucoup de matériel de valeur dans les entrepôts du camp : des chaussures, des couvertures, du linge, des pulls. Personne ne savait exactement quoi ni combien. À part moi, bien sûr. Et ils n'étaient pas gardés. Mon frère parisien Jakob, qui s'était engagé en janvier 1940, avait lui accès aux entrepôts alimentaires.

Alors, mon « instinct d'intendant » s'est réveillé.

Les interbrigadistes considérés comme les plus dangereux étaient toujours internés à Argelès-sur-Mer et au Vernet. Leurs conditions de vie étaient incomparablement pires que les nôtres.

Ils sauraient utiliser les stocks d'Agde, qui seraient bientôt pris par les Allemands ou les Français. Et je suis ainsi devenu l'organisateur (comment dénommer décemment cette activité pendant laquelle le matériel commun est passé sous ma protection ?), l'empaqueteur, l'expéditeur, le transporteur et le livreur. C'étaient des paquets pesant jusqu'à vingt kilos. Mon frère apportait parfois des allocations de cinquante boîtes de sardines, du saucisson et du fromage qui étaient envoyés derrière les barbelés.

Notre direction illégale s'était regroupée à Marseille. En faisaient partie Ladislav Holdoš, Antonín Svoboda[1], Otakar Hromádko, Jiří Cetl, Osvald Závodský[2], Karel Štefka[3], Hanuš Štěpán et d'autres que je ne connaissais pas. Ils étaient en contact avec Paris, certains partaient en zone

---

1. Antonín Svoboda (1912- ?) combat dans les Brigades internationales de 1937 à 1939 et s'engage aux côtés des FTP-MOI de 1942 à 1945. Voir les notes biographiques en fin d'ouvrage.

2. Osvald Závodský (1910-1954, Prague) s'engage en 1936 dans les Brigades internationales. Commissaire politique du bataillon Masaryk, il rejoint l'armée tchécoslovaque à l'étranger et la FTP-MOI en France après la défaite de la République espagnole. De retour en Tchécoslovaquie en 1945, il travaille dans l'appareil du PCT à la Sûreté de l'État. Condamné à mort par le régime en 1953, il est réhabilité en 1963. Voir les notes biographiques en fin d'ouvrage.

3. Karel Štefka (1904-1958) en Tchécoslovaquie, est un résistant ayant combattu avec les Brigades internationales en Espagne et en France où il devient membre du premier triangle de direction des FTP-MOI parisiens.

occupée, d'autres en mission secrète en Tchécoslovaquie.

La vie n'était pas facile à Marseille. La police française fidèle à Pétain commençait à consolider le nouvel État et harcelait tous les civils suspects, surtout les étrangers. Elle s'intéressait surtout aux gaullistes et aux communistes. Ceux qui revenaient de Paris témoignaient du fait qu'en zone occupée les Allemands ne s'occupaient pas autant de politique intérieure que les Français au sud.

Un jour de septembre, Závodský a été incarcéré dans la prison du camp d'Agde. Il avait été arrêté lors d'un contrôle d'identité, ses papiers n'étant pas en règle. Heureusement qu'il était « chez nous ». Cela a été assez facile de le faire sortir et il est reparti vers Marseille avec de nouveaux papiers, pour mieux y disparaître.

Bientôt, on a également tenté de m'emprisonner. Les autorités françaises et allemandes nous intégraient à des transports de travailleurs vers les camps des carrières alpines, près de Grenoble. Comme j'avais un autre travail à Agde, je n'ai pas répondu à la convocation.

Bien sûr, j'avais assuré mes arrières avec un certificat de grossesse de ma femme que je ne pouvais pas abandonner dans cet état. Les autorités ont reconnu cette circonstance atténuante et je n'ai eu que huit jours de cachot.

Le temps a passé ainsi jusqu'à l'hiver. Le camp était vide. Même mon frère Jakob était retourné à Paris auprès de sa famille. Je restais sur place avec les derniers mohicans et je vidais les étagères des entrepôts. On me mettait en garde depuis Marseille, la police commençait à s'intéresser à moi. Les paquets, bien qu'expédiés de bureaux de poste différents, avaient été repérés. Cela devenait dangereux pour moi.

J'allais de temps en temps à Marseille pour rencontrer mes amis de la direction et obtenir de nouvelles instructions. J'allais également à notre consulat, qui continuait à fonctionner de façon semi-officielle. Son employé, Josef Špirk[1], avait, à tout hasard, établi deux passeports tchécoslovaques pour ma femme et moi. Nous ne les avons jamais utilisés. J'allais surtout le voir pour un soutien financier car ma petite solde militaire ne suffisait pas à régler les frais postaux. Fin janvier 1941, la

1. Josef Špirk est un résistant communiste membre des Brigades internationales. Il combat en Espagne et en France et devient notamment l'adjoint d'Alexander Dubček, ancien dirigeant de la Tchécoslovaquie, en 1968 lors du printemps de Prague.

plupart des « Marseillais » étaient déjà partis pour leur mission clandestine. Le camp devait être définitivement liquidé. Il était temps de disparaître. J'irais à Paris où était mon frère.

Nous avons formé un groupe de cinq personnes, dirigé par le brigadiste Evžen Neumann (en 1942 la direction l'a envoyé combattre de nouveau en Slovaquie où il s'est distingué dans la lutte comme membre d'une unité de partisans). Avec Jaroslav Němec et Imre Beczke de Bratislava nous étions en réalité six, car j'ai oublié de mentionner que ma fille Consuelo était née six semaines auparavant.

Un matin de bonne heure, nous sommes partis en train, un sac à dos sur l'épaule, la petite emmaillotée dans un tablier en plastique porté par Isabel. Nous avons appris, après la guerre, que le lendemain de notre départ, la police était venue nous arrêter dans notre appartement d'Agde.

Dans la fosse aux lions

Nous sommes descendus du train le soir à Chalon-sur-Saône. La ligne de démarcation était proche, dans la direction de Chagny. Nous avons dormi dans un petit hôtel. Le matin, nous voulions trouver le passeur dont Neumann avait eu l'adresse à Marseille. Nous avons dîné dans le restaurant rempli de personnes venant, d'après leurs accents, de tous les coins de France. J'avais aussi l'impression que non seulement le patron mais également le serveur et tous les habitants du coin avaient pour principale occupation la contrebande ou une autre activité du même style. Nous n'avons curieusement pas vu de gendarmes. Le lendemain, Neumann est allé chercher notre guide qui, si mes souvenirs sont bons, était un petit maître d'école chauve, très vif. Nous sommes partis dans l'après-midi, avant le coucher de soleil. Neumann, notre guide et moi marchions devant. Nous avons traversé un champ qui n'était heureusement pas assez enneigé pour y laisser des traces de pas. Sur une colline se dressait une petite maison en bois, abandonnée. De là, nous avions une vue sur les alentours.

« Vous voyez là-bas ? »

Notre guide nous a montré une rangée de barbelés à environ cent cinquante mètres. On aurait dit une clôture pour le bétail.

« Voilà notre célèbre ligne de démarcation. Vous n'aurez pas grand mal à passer par-dessus. Vous en avez certainement vu d'autres.

— La ligne est surveillée ?

— Oui, mais pas particulièrement. Il y a toujours deux boches ensemble. N'en ayez pas peur, ils ne sont pas particulièrement zélés. Attendez simplement qu'ils aillent vers la droite. L'intervalle est alors plus long que dans le sens inverse. Vous allez suivre ce chemin, puis vous irez tout droit. Arrivés à une bifurcation, allez vers la droite jusqu'au village, et de là à la gare de Chagny, qui est toute proche. »

Nous avons regardé la campagne autour ; tout était calme.

« Tout est clair ? a demandé notre guide. Bien, attendez ici, je vous envoie les trois qui patientent en bas. Bon courage ! Bonne chance ! »

Nous étions de nouveau réunis quelques instants plus tard. Heureusement, Consuelo dormait. Je craignais qu'elle ne pleure et ne nous trahisse ainsi, mais c'était une très gentille enfant qui comprenait les soucis de ses parents.

Il faisait froid, nous piétinions sur place. Enfin, nous avons aperçu les deux gardes allemands dans la pénombre. Ils passaient dans le bon sens. Le vent nous apportait des bribes de leur conversation.

Nous avons attendu qu'ils disparaissent derrière le bois voisin pour nous approcher des barbelés. J'ai écarté deux fils, laissant passer Isabel, avant de la suivre rapidement. Nous nous sommes tous retrouvés de l'autre côté. Sous la protection du Reich. Nous avons trouvé le village sans problème mais le prochain train pour Paris ne partait que le lendemain matin. Nous n'avions plus d'indications à suivre. Où passer la nuit ?

Nous avons fait le tour de la place vide. Soudain un bruit de bottes, une patrouille allemande. Nous nous sommes précipités derrière le portail d'une cour pour nous cacher. Le passeur ne nous avait pas prévenus qu'ici aussi nous serions en danger. C'était bien une patrouille allemande, fusil à l'épaule, que nous voyions à travers une fente.

« Les salauds, ils ont failli nous avoir. » Neumann s'est petit à petit rassuré.

« Attendez, je vais regarder dans la cour. Je vais peut-être trouver quelque chose. »

Il est revenu au bout d'un moment en nous faisant signe de le suivre. Il avait trouvé de braves gens qui acceptaient de nous héberger pour la nuit et qui nous ont même conduits en voiture, le lendemain matin, jusqu'à la gare de Chagny où notre train fumait déjà.

*

* *

Nous nous sommes quittés à la gare de Lyon à Paris. Chacun s'en allait vers un but connu de lui seul. Même entre nous, nous respections les règles de la clandestinité.

Je n'avais aucune mission particulière, je les avais simplement accompagnés car je ne pouvais plus rester à Agde. (Plus tard, Holdoš et Závodský m'ont dit leur surprise et leur effarement quand ils ont appris ma présence à Paris avec ma famille… Mais où pouvais-je aller ? L'organisation avait aussi ses failles.)

Mon frère Jakob habitait à quelques pas de la Bastille, rue de Thorigny. Nous pouvions y aller à pied. Il était clair, bien entendu, qu'il nous logerait provisoirement. Il occupait un appartement correct avec sa femme et ses deux enfants, Rosette et Bernard. Il était tailleur et travaillait pour un atelier parisien. Ils ne vivaient pour le moment pas trop mal.

J'avais un peu d'argent et l'aide de mon frère mais je devais trouver du travail.

Environ un mois plus tard, j'ai rencontré par hasard, dans la rue, Antonín Svoboda. Membre du triangle de direction du groupe de langue tchécoslovaque de la MOI, il m'a mis en contact avec Holdoš qui était arrivé à Paris. Ils se sont consultés pour savoir quoi faire de moi.

« Le mieux que tu puisses faire est de quitter Paris au plus vite. On est trop nombreux ici et ça commence à être dangereux. Qu'as-tu comme papiers ? »

J'avais un faux certificat de démobilisation à mon nom.

« Avec ça, tu n'iras pas loin. On va te procurer quelque chose de mieux. Tu vas t'inscrire pour aller travailler en Allemagne. Ça a fait ses preuves, plein de nos gars y sont déjà. »

Je n'avais pas envie de laisser Isabel à nouveau seule avec l'enfant. Mais il n'y avait apparemment pas d'autre issue. Au bout de quelques jours, les gars m'ont apporté de nouveaux documents. Je m'appelais maintenant Imre Szekei, originaire de Békéscsaba en Hongrie. L'amiral Horthy[1] serait certainement heureux d'apprendre que j'avais l'intention d'entrer au service de ses alliés et amis tout-puissants.

Je ne devais pas agir avec précipitation. Le recrutement des forces de travail du Reich n'était pas centralisé. Chaque entreprise avait à Paris son propre centre d'embauche. Certains recruteurs étaient très curieux. Ils exigeaient non seulement des documents mais également une biographie, une origine aryenne et qui sait quoi de plus. Comme je ne pouvais pas me permettre un interrogatoire trop approfondi, je me tenais devant les agences et je sondais prudemment le terrain. J'ai finalement trouvé ce dont j'avais besoin. L'agence de recrutement de l'entreprise Rheinische Brandkohl Aktiengesselschaft à Wesseling sur le Rhin a ouvert ses portes au coin des rues Saulnier et Richer, près des Folies Bergère. L'ouvrier français qui justement en sortait m'a donné de bonnes nouvelles : ils prenaient tout ce qui passait.

J'ai pris mon courage à deux mains et je suis rentré. Une pièce simple, quelques petites armoires avec

1. L'amiral Miklós Horthy (1889, Kenderes - 1957, Estoril, Portugal) est un militaire et homme d'État hongrois, régent du royaume de Hongrie du 1er mars 1920 au 15 octobre 1944 et allié de Hitler.

des dossiers, un bureau et, derrière, un employé aux cheveux gris et qui portait des lunettes. Une blonde maigrichonne tapait à la machine.

Les formalités rappelaient le recrutement dans la Légion étrangère : nom, date et lieu de naissance, métier. Rien d'autre ne les intéressait. Imre Szekei, plombier hongrois, c'est bon. Ils n'ont demandé aucun document.

« Quand pouvez-vous commencer ? m'a demandé le gars à lunettes après avoir dicté de plus amples informations à la blonde.

— Tout de suite si vous voulez.

— *Grossartig*[1]. Venez demain chercher votre sauf-conduit et l'argent pour le voyage. *Heil.* »

Et c'est ainsi que je suis devenu en cinq minutes un employé d'une firme importante fabriquant de l'essence de synthèse, prêt à contribuer de toutes mes forces et capacités à l'effort de guerre allemand.

Le lendemain, j'ai dit au revoir à Isabel et à la famille de mon frère, j'ai fait un bisou à Consuelo et je suis parti en Allemagne.

C'était en mars 1941. Le cercle de mon cheminement se refermait après quatre ans.

---

1. « Super. »

TROISIÈME PARTIE

Le front secret

L'intermezzo allemand

Wesseling se trouve à mi-chemin entre Bonn et Cologne. Le grand complexe chimique s'étend sur les berges du fleuve, avec son propre port et sa gare de marchandises.

À environ deux kilomètres, les Allemands ont construit des baraquements en bois pour leurs *Hilfsarbeiter*[1]. Dans chacun d'eux dormaient huit à dix personnes. Une cuisine collective était à disposition. Et dans ces baraquements se mélangeaient différentes nationalités : Français, Belges, Polonais, Tchèques, Yougoslaves, Hongrois, et bien sûr Allemands.

L'arrivée en Allemagne me déprimait. Partout des transports d'armes et de soldats, partout des uniformes, et surtout une population d'humeur toujours plus belliqueuse. « *Führer befiehl, wir folgen*[2]. »

1. « Manœuvre ».
2. « Le Führer ordonne, nous suivons. »

J'ai été accueilli par un ingénieur qui s'appelait Genschke (ou un nom semblable). Il avait environ quarante-cinq ans, de grande taille, corpulent. Ses rares cheveux clairs étaient coiffés d'une raie sur le côté.

J'avais été embauché comme plombier, mais quand il a eu connaissance de mes aptitudes linguistiques – je parlais déjà correctement le français – il m'a désigné comme son interprète. Je l'accompagnais dans l'usine et je l'aidais à maîtriser cette tour de Babel.

L'usine était relativement récente. Les nazis y avaient envoyé beaucoup de monde. La composition sociale de la communauté allemande était particulièrement intéressante. Dans leur économie de guerre, les nazis avaient supprimé pratiquement toutes les petites industries, et les artisans ou commerçants avaient été recyclés en ouvriers non qualifiés. Des personnes condamnées pour divers délits étaient également envoyées ici.

J'ai rapidement fait connaissance avec un Allemand de Hambourg qui avait des mains grosses comme des pelles. Il avait été mécanicien sur un grand paquebot et on l'avait arrêté car il refusait de divorcer de sa femme juive. Sa peine purgée, on l'avait envoyé à Wesseling comme soudeur. Albin – c'est ainsi que l'appelaient ses collègues – m'a rapidement confié, lors d'une conversation, qu'il en avait marre du régime. Beaucoup d'autres parmi ces cordonniers ou épiciers expropriés ne manifestaient aucun enthousiasme quant à leur nouvelle condition. La situation dans la fabrique était à l'évidence différente de la situation « dehors », du moins à première vue. Mais il était probable que le gros aubergiste chez qui nous allions boire une mauvaise bière ne levait avec zèle le bras droit que parce que c'était l'usage…

Même l'ingénieur Genschke, que je savais membre du parti nazi, n'était pas un fanatique. C'était un homme modéré et réfléchi. En privé il se montrait sceptique au sujet des perspectives du « Reich millénaire ». Il me mettait lui-même en garde contre les flics et autres individus dangereux qui pullulaient dans l'usine.

Je restais bien sûr très prudent dans cet environnement. J'écoutais les plaintes et les doléances les plus diverses, mais je ne participais jamais à une discussion politique. Cependant, il était dommage de ne rien faire.

Petit à petit, avec Albin dont je m'étais encore davantage rapproché, et qui ne connaissait évidemment pas mon passé, nous avons coopté dans notre groupe le jeune Milovan, un Français yougoslave. Il avait une moustache noire et le sang chaud. Nous devions souvent le calmer.

Trois hommes, c'était suffisant non seulement pour un cercle d'étude mais également pour un cercle de résistance. Albin avait des amis de confiance à Cologne, où il logeait, ainsi que directement dans l'usine. De nombreux prisonniers de guerre français y travaillaient. Grâce à nos amis, nous leur procurions des habits civils et de faux laissez-passer de vacances. Nous les faisions généralement sortir au moment du changement d'équipes le matin, et les Allemands pouvaient aller les chercher ensuite quelque part en Bretagne ou en Normandie.

Un jour, alors que j'étais seul dans mon dortoir, Albin est venu me voir, avec un sourire mystérieux et une sacoche pleine. J'ai fermé les volets et Albin a vidé son sac sur la table, formant un tas de tickets de rationnement.

« Mon Dieu ! j'ai crié, éberlué.

— Où as-tu trouvé ça ? Il y en a pour tout un régiment ! »

Le visage buriné d'Albin se contentait de sourire d'un air roublard.

« Ne sois pas si curieux. D'ailleurs, moins tu en sais, moins tu as de problèmes auprès de la Gestapo par exemple. »

Je n'ai pas su si les tickets étaient faux ou volés. En tout cas, c'était un beau butin. Nous allions ensuite faire des courses à Cologne et améliorions ainsi notre quotidien et celui de nos compagnons. Nous prétendions que c'étaient des envois de France ; en réalité, c'est moi qui envoyais à ma femme à Paris des paquets de beurre, de saucisson et de viande. J'étais à nouveau digne de mon « métier ».

*

* *

La guerre avec l'Union soviétique nous a surpris, nous comme les Allemands. La population allemande réagissait de nouveau avec enthousiasme, du moins officiellement. Les armées du Führer en finiraient au plus vite avec le bolchevisme, ennemi mortel de l'Allemagne et de toute l'Europe nouvelle. Les gens buvaient dans les auberges en hurlant des chants guerriers, battant le rythme avec leurs bocks de bière et s'embrassant, saouls. « *Sieg heil !* »

Il y en avait aussi, surtout les vétérans de la Première Guerre mondiale, qui se souvenaient de l'offensive de Broussilov[1] et qui hochaient la tête – cette expédition pourrait mal se terminer…

Cette nouvelle situation me rendait également nerveux. Je n'avais pas de liaison avec la direction parisienne, je me sentais isolé. Aurait-on besoin de moi ailleurs ? Et si la situation évoluait rapidement ? Comme tout communiste, j'étais convaincu de l'invincibilité de l'Union soviétique et de son Armée rouge. J'étais persuadé qu'elle repousserait vite les Allemands.

Début juillet 1941, je suis allé voir Genschke pour lui demander de courtes vacances. Il a cherché ma carte de travail.

« Vous êtes ici depuis moins de six mois, monsieur Szekei, vous n'avez pas encore droit à un congé. Mais je comprends, vous vous ennuyez, votre femme et votre enfant vous manquent. D'accord, allez-y mais soyez de retour dans une semaine ! Vous savez que le Führer a besoin d'ouvriers comme vous. »

Je suis arrivé à Paris le 10 juillet. Isabel habitait déjà dans son propre appartement, rue du Moulin-

1. Dernière opération militaire russe d'envergure, conduite par le général Broussilov en juin 1916, contre les armées allemandes et austro-hongroises en Pologne. C'est la bataille la plus meurtrière de la Première Guerre mondiale.

des-Prés. Bien que situé en sous-sol, il se composait de deux petites pièces et d'une cuisine. Elle pouvait se le permettre, je lui envoyais régulièrement de l'argent et les gars à Paris l'aidaient également.

J'ai ouvert la valise avec les victuailles, embrassé Isabel et Consuelo que je n'arrivais pas à reconnaître. Elle était assise dans son petit lit, grassouillette et rouge comme une tomate. Mais je ne tenais pas en place. Le soir je suis allé voir Holdoš et je lui ai fait un compte rendu de mon séjour et de mon activité à Wesseling, n'omettant rien sur Albin, les prisonniers et les tickets d'alimentation.

« C'est bien, a-t-il dit laconiquement en écoutant.

— Je devrais peut-être rester en France ?

— Non, pas encore, cela vaut mieux. Ici, l'organisation se structure, tout n'est pas encore en place. Si tu pouvais continuer là-bas, ce serait idéal. On a besoin de gens en Allemagne en ce moment, surtout dans des centres industriels. Reviens quand nous aurons besoin de toi à Paris, nous te le ferons savoir. »

Je dois avouer que sa réponse ne m'a pas emballé. Je n'avais pas envie de retourner dans le Reich, Isabel et la petite avaient besoin de ma présence et après tout, je me sentais quand même mieux en France.

Mais une directive de la direction illégale était un ordre qui valait plus qu'un document officiel. Cependant, comme un séjour d'une semaine me semblait trop court, je suis tombé malade – d'un mal difficile à préciser – et j'ai prolongé ainsi mes vacances parisiennes de huit semaines. L'entreprise m'envoyait mes indemnités journalières de maladie et je me reposais donc aux frais de la *Kriegesozialfürsorge* allemande.

Je suis retourné à Wesseling en septembre. Il est vrai que les Russes ne repoussaient pas les nazis, mais la victoire éclair promise par Hitler ne se réalisait pas non plus. L'ambiance, de façon générale, était plutôt dégradée. Les plus expérimentés voyaient apparaître le spectre de l'hiver russe.

À l'automne, les raids aériens alliés ont également commencé à s'abattre sur la région rhénane. Une nuit, nous avons été réveillés par les sirènes. Nous nous sommes précipités aux fenêtres. Les bâtiments industriels étaient éclairés comme en plein jour. Les pilotes lançaient des bombes au magnésium pour pouvoir mieux s'orienter. Nous entendions les détonations isolées des canons antiaériens et des explosions de bombes. Les objectifs étaient regroupés comme dans la paume d'une main mais les bombes les ont manqués et elles sont tombées quelque part au loin dans les champs.

J'ai pensé : *les idiots*. Je voyais Milovan qui se disait probablement la même chose.

Après la première attaque, les Allemands ont installé à Wesseling quantité de batteries anti-aériennes. On voyait partout autour de l'usine leurs minces canons. Les Alliés ont répété leurs raid, mais une nouvelle fois sans grand succès. Au matin, le long de notre chemin vers l'usine, l'épave d'un avion anglais se consumait encore.

C'était pire à Cologne. J'y étais allé au cinéma, un soir. Les sirènes ont retenti au milieu de la séance. La salle n'étant pas en sous-sol, nous sommes sortis dans la rue à la recherche d'un abri. Un ouragan s'était déclenché au-dessus de la ville. Le rugissement des moteurs d'avion, les éclairs des tirs, le sifflement et l'explosion des bombes, les immeubles qui écroulaient, les incendies. Les gens fuyaient en panique vers le Rhin. Nous étions en train de traverser le Heumarkt en courant quand un avion s'est écrasé, emportant avec lui deux ou trois immeubles. Des dizaines de malheureux ont été enterrés sous les décombres.

Je suis arrivé au quai en trébuchant et je me suis roulé en boule sur un escalier. L'alerte s'est terminée au bout de vingt minutes environ. J'étais à proximité de mon arrêt de train. Je le guettais en tremblant de froid ; je ne m'étais pas rendu compte que, pendant tout ce temps-là, j'étais resté couché à moitié dans l'eau.

*

* *

L'armée allemande s'était arrêtée devant Moscou. Ne tenant pas compte des ordres du Führer, la capitale soviétique n'était pas tombée.

Certains *Hilfsarbeiter* courageux commençaient à se moquer ouvertement de leur contremaître.

« Ben vous voyez où vous en êtes ? Là, vous êtes à l'arrêt. Et bientôt vous reviendrez en arrière. Mais pas tous… »

Les conversations occasionnelles avec Genschke tournaient avec inquiétude autour des défaites allemandes sur le front. L'ingénieur m'a révélé que ces messieurs là-haut étaient également inquiets et plus du tout aussi unis et sûrs d'eux-mêmes qu'auparavant.

Bien entendu, nous ne restions pas assis à ne rien faire avec Albin et Milovan. De temps en temps, une pompe tombait en panne. En la démontant on trouvait du sable dans les roulements à billes. Dieu sait comment il y était arrivé ?

D'autres fois, la sécurité de l'entreprise trouvait des tuyaux sectionnés, par lesquels l'essence s'écoulait des citernes sur le sol, sans réussir à démasquer les coupables. Grâce à nos réserves « surabondantes » (Albin rapportait parfois de nouveaux tickets) nous achetions également du sucre pour le verser dans les réservoirs. Les soldats ne s'en rendaient compte qu'arrivés sur le front. Ou, en tout cas, loin de notre fabrique.

À Noël, je suis retourné à Paris. Tout allait bien à la maison mais, à tout hasard, j'ai à nouveau prolongé mon séjour. Après consultation avec la direction, je suis encore retourné en Allemagne, fin janvier 1942.

Environ deux mois après mon retour, Genschke m'a convoqué dans son bureau.

« Asseyez-vous, monsieur Szekei, je dois vous parler sérieusement. »

Le début n'était pas très encourageant. Quelque chose avait-il été découvert ? Je me suis assis dans le fauteuil de son bureau simplement meublé. Sur le mur, un Adolf renfrogné me dévisageait. Je ne me sentais pas à l'aise.

L'ingénieur m'a offert une cigarette et a enlevé ses lunettes qu'il ne portait que pour lire.

« Êtes-vous au courant de ce qui se passe dans l'usine ? m'a-t-il demandé après un silence angoissant.

— Que voulez-vous dire, monsieur l'ingénieur ? ai-je répondu prudemment.

— Hier, un tuyau a de nouveau éclaté au numéro trois. Le quatrième en un mois. Ce matin, la Gestapo était ici. Ils parlent de sabotage. »

Je savais qu'ils soupçonnaient quelque chose et je préférais ne pas me montrer dans les ateliers.

« Ça c'est mauvais... Ils ont arrêté quelqu'un ?

— Non, du moins pas pour le moment. Mais ils ont interrogé plein de personnes et ils reviennent demain.

— Hum, on peut donc s'attendre au meilleur. »

J'ai éteint ma cigarette. Genschke m'a regardé dans les yeux avec insistance.

« Écoutez, monsieur Szekei, je voudrais vous dire quelque chose. J'ai travaillé, avant 1933, dans une entreprise juive. Je rencontrais souvent le directeur. Votre allemand me rappelle fortement le sien. Ou plutôt, pour être précis, vous avez exactement son accent. Ne pensez-vous pas qu'il serait mieux que vous partiez immédiatement d'ici ? Je veux dire tant qu'il est encore temps. Je vais vous délivrer des papiers. »

Je n'ai pas attendu d'autres explications. Je suis retourné au cantonnement pour prendre mes affaires. Le soir même, je suis allé à Cologne chez Albin. Il habitait près de la gare. Je ne lui ai rien dit de ma conversation avec Genschke. Je l'ai simplement prévenu du passage de la Gestapo le lendemain à l'usine et d'un interrogatoire probable. Il était tranquille : « Personne ne peut rien prouver. »

Quand je lui ai dit que je devais partir d'urgence pour Paris, il a pensé que j'avais peur. Je ne le lui reprochais pas, il avait en partie raison. Il m'a convaincu de passer la nuit chez lui. C'était imprudent, la Gestapo aurait pu se douter de quelque chose et nous cueillir tous les deux ensemble.

La nuit s'est heureusement passée tranquillement. J'ai dit au revoir à mon compagnon et j'ai foncé vers Paris par le rapide du matin.

Après la guerre, quelqu'un m'a appris que Genschke et Albin étaient morts dans un camp nazi.

Le garage Simca

« Alors, j'ai vite tout emballé, et je suis venu ici... »

C'est ainsi, un peu embarrassé, que je terminai mon compte rendu. Nous étions assis avec Holdoš dans un petit café du boulevard Saint-Michel.

Holdoš m'a écouté sans m'interrompre, en hochant simplement la tête.

« Bien, l'essentiel est que tu t'en sois sorti sans dommages, m'a-t-il dit. Que veux-tu faire maintenant ?

— Je ne sais pas. Je n'ai rien.

— J'ai peut-être quelque chose pour toi. Je travaille pour le moment chez Fleischhauer. C'est l'ancien garage Simca : il est sous gestion allemande. Au 239, boulevard Pereire. Je suis enregistré là-bas comme un Slovaque de Bratislava en attente de rapatriement chez Tiso[1]. J'y assure à la fois les fonctions de portier, d'aide magasinier et d'interprète. Je suis devenu indispensable. Mais je dois en partir le plus vite possible, j'ai un autre travail. »

Holdoš était alors le responsable du groupe communiste tchécoslovaque dans la Résistance à Paris. Il était en contact direct avec le PCF et la direction des FTPF[2].

« J'y suis depuis un mois, j'ai donc droit à un certificat de travail avec lequel je peux aller à la préfecture demander une carte d'identité, a-t-il poursuivi. Je n'ai pas besoin de plus. Mais ils ne me laisseront partir qu'à une seule condition : que je me trouve un remplaçant. Tu ferais ça pour moi ? Qu'en dis-tu ?

— Pourquoi pas, s'ils veulent de moi... Si tu as le temps, on peut aller y jeter un coup d'œil. Maintenant, si tu veux.

— Attends un moment, pas si vite. Je dois encore te clarifier la situation. Il s'y passe des choses auxquelles je ne veux pas être mêlé. À cause

1. Jozef Tiso (1887-1947) est un prêtre catholique devenu député au Parlement tchécoslovaque et homme d'État, membre du gouvernement tchécoslovaque et finalement président de la République slovaque, allié de Hitler pendant la Seconde Guerre mondiale.

2. Francs-tireurs et partisans français.

de la Résistance. Si ça saute, je saute avec et ça met en danger toute l'organisation. On ne peut pas se le permettre. J'ai demandé à la direction d'attendre un peu. Le temps que je disparaisse. C'est toi qui devras reprendre ce travail.

— Je comprends, mais de quoi s'agit-il ?

— Voilà. Il y a dans ce garage plein de véhicules endommagés du front russe. Les ordres sont de les réparer au plus vite et de les renvoyer. Et nous, eh bien, on veut un peu les ralentir. Par ailleurs, il y a là-bas plein d'essence non employée qui nous serait très utile. Il y a une semaine, on a eu une réunion à la direction internationale. Ils voudraient entreprendre quelque chose d'important. Mais on doit encore préciser quoi, concrètement. Alors ? »

La proposition de Holdoš me paraissait acceptable. On pouvait essayer.

« Et pour mes papiers ?

— Pour le moment tu gardes les anciens. S'ils ont été acceptés si longtemps dans le Reich, tu peux encore les utiliser ici. D'ailleurs, j'ai une bonne réputation là-bas, il suffira que je te recommande. On y va ? »

Nous avons payé pour l'ersatz, qu'on nous facturait au prix d'un café turc, et nous sommes descendus dans la station de métro la plus proche.

Les bâtiments de l'entreprise Fleischhauer ex-Simca s'étendaient des deux côtés du large boulevard. Le plus bas servait d'atelier de réparation. Dans celui qui s'élevait sur plusieurs étages, en face, se trouvaient les bureaux, les entrepôts de pièces de rechange et un centre de la Wehrmacht, avec un garage pour les véhicules personnels. Il y avait un garde armé devant l'entrée.

« L'endroit le plus sombre est sous la bougie ! » grimaça en me regardant Holdoš. Nous sommes entrés.

À l'intérieur, nous avons été accueillis par le responsable allemand, un nommé Zerfass. C'était un blond aux yeux bleus, de taille moyenne, aux gestes vifs. Il est allé droit au but.

« Vous amenez un remplaçant, monsieur Kaliarik ?

— Oui chef. Monsieur Szekei est hongrois, plombier de formation, mais il sait tout faire. Et il parle le français et l'allemand mieux que moi. Je pense qu'il vous conviendra. »

Les formalités se sont encore une fois passées sans accroc. Le chef m'a ensuite mis entre les mains de son adjoint, monsieur Kaufmann, un gros bonhomme qui m'a fait visiter l'entreprise.

Les salles de l'atelier débordaient d'équivalents allemands endommagés des jeeps, criblés de balles.

Leur réparation relevait de l'importante *Ost-Aktion* de guerre. Les autorités militaires veillaient à l'efficacité et à la rapidité d'exécution de celle-ci.

Kaufmann m'a présenté au chef d'atelier, un Français d'origine suisse. C'était un type assez horrible, ressemblant à un tonneau et qui semblait être né pour les trafics et la collaboration.

Je ne me trompais pas. Il disparaissait souvent un certain temps avant de revenir avec des bouteilles de cognac et d'autres raretés qu'il apportait à ces messieurs allemands. Dans l'entreprise, on lui confiait les essais des véhicules réparés.

Le personnel de l'atelier se composait de 27 mécaniciens auto et d'une douzaine d'autres gars, des ferblantiers, des laqueurs et des manœuvres. La plupart étaient des vrais Parisiens, à l'exception de deux ou trois Italiens.

J'ai d'abord été placé comme manœuvre pour connaître la marche de l'entreprise. Nous démontions les pièces des voitures et nous les envoyions dans les différents ateliers. Certaines pièces étaient réparées dans le même bâtiment, mais les moteurs, par exemple, étaient emportés par les mécaniciens quelques blocs plus loin. Je me suis rapidement bien entendu avec les gars ; il n'y avait pas que des jeunes, une bonne moitié était composée de chauffeurs de taxi parisiens qui avaient perdu leurs petites entreprises à cause des restrictions dues à la guerre et qui s'étaient fait engager dans l'atelier. Dans l'ensemble c'étaient des personnes de confiance.

Je m'étais plus particulièrement lié d'amitié avec deux gars de l'atelier de réparation des différentiels. Je n'ai pas eu beaucoup de mal à comprendre leur méthode. La recette était simple : les pièces neuves ou en bon état étaient simplement remplacées par des pièces anciennes ou défectueuses. (Je crains qu'en Tchécoslovaquie la méthode ne soit devenue courante, mais à l'époque ça avait quand même un autre sens...)

Au bout d'un certain temps, je suis passé au gardiennage, pour le service de jour comme de nuit. Le service de nuit était plus avantageux. L'après-midi ou le soir arrivaient des livraisons de nouvelles épaves qui n'étaient réceptionnées par notre *Vorarbeiter*[1] que le lendemain matin. Pendant la nuit, c'est moi qui m'en occupais. Je les fouillais méticuleusement et j'y trouvais toujours un bon butin. Une grenade oubliée ou un étui avec des balles, parfois même un pistolet. Même les réservoirs n'étaient pas toujours vides. Les gars des différentiels m'apportaient aussi diverses autres choses utiles.

1. « Contremaître ».

J'étais alors en contact avec Rudolf Bukáček. Lui ou quelqu'un de son groupe frappait doucement trois fois au portail d'entrée. Je lui offrais alors un petit paquet ou parfois un jerrycan d'essence et il disparaissait en silence. Notre action de charité était protégée par l'obscurité et, de toute façon, le gardien d'en face ne pouvait pas nous voir. Le chemin de fer passait au milieu du boulevard et les grilles de protection nous cachaient.

Zerfass passait de temps en temps dans la journée pour discuter. Kaufmann et lui ne se supportaient pas beaucoup, et le tonneau suisse était toujours en vadrouille. Quant à moi, j'étais hongrois, un allié, et surtout, je parlais bien allemand.

Le mois de juin 1942 fut particulièrement chaud. À Paris, nous avions du mal à respirer. Mais Zerfass ne transpirait pas qu'à cause de la chaleur.

« Maudits Français ! C'est une bande de misérables. Où que vous regardiez, que des terroristes et des saboteurs ! » se plaignait-il en s'essuyant le front.

Je hochais la tête, compréhensif. J'avais toujours dans mon casier une bonbonne de vin qui était appréciée, et pas uniquement par Zerfass.

« Je ne peux faire confiance à aucun d'entre eux. Seulement à vous, monsieur Szekei. Ils volent, ils glandent, ils sabotent. Hier soir, j'ai eu un coup de fil de l'*Oberst* Reinecke du commandement. Ils ne sont pas satisfaits de nos livraisons de véhicules, ils menacent de tous nous envoyer sur le front. »

J'ai essayé de le calmer :

« La guerre à l'Est est quasiment gagnée. Le Führer l'a annoncé. Les bolcheviques fuient en panique vers l'Oural. »

Zerfass, peu convaincu, a soupiré : « C'est bien beau tout ça… mais et les Américains ? À Paris on ne parle de rien d'autre que d'une invasion. Vous l'avez entendu aussi ? On dit que les partisans vont tous nous tuer. »

Je doutais qu'ils puissent y arriver. Le chef s'est incliné vers moi et s'est confié :

« Vous savez, monsieur Szekei, j'ai un pistolet-mitrailleur chargé caché dans un tiroir. Si quelque chose arrive, je détruis tout autour ! »

Son regard bleu effrayé accentuait l'impact de ses mots.

Bien, il n'y a pas eu d'invasion cet été-là, mais l'humeur de M. Zerfass ne s'est pas améliorée. Et c'était un peu grâce à moi.

*

* *

La résistance parisienne avait une section internationale ; Alik Neuer, alias Peter Šnauko, était dans le groupe technique des sabotages. C'est probablement lui qui m'a envoyé un combattant roumain. C'était un jeune homme mince avec des cheveux noirs ondulés, qui s'appelait Botoš. Il me questionnait sur la situation de l'entreprise, sur les stocks de matériel et le nombre de véhicules.

« Ça vaudrait le coup de faire un petit feu d'artifice chez vous ? »

Ces objets avaient une certaine valeur. Surtout au premier étage où il y avait de nombreux pneus avec chambres à air, des bidons d'huile en fer-blanc et du matériel.

« Pourquoi pas… T'as une fusée ? »

Botoš m'a montré deux petites boîtes en papier d'environ dix centimètres sur vingt.

« En fait, c'est une petite boîte infernale primitive, mais qui est très fiable, on l'a testée, m'a-t-il expliqué. À l'intérieur on met une ampoule d'acide qui arrive plus ou moins vite à l'explosif, ça dépend de l'épaisseur de l'emballage. On peut le régler. Tu as besoin de combien de temps ? »

Je réfléchissais. Le meilleur moment serait la nuit de samedi à dimanche, quand les ateliers seraient vides. Si je déposais le paquet la nuit de vendredi, il faudrait quinze à vingt heures.

Botoš a préparé les boîtes selon mes directives et m'a donné six ampoules.

« Tu les y mettras toi-même, là, comme ça, regarde ! Les quatre, tu les as en réserve, il suffit que tu les mettes près d'un produit inflammable. N'aie pas peur, ça prend aussi un certain temps. Si tu réussis, il ne restera pas grand-chose. »

La semaine suivante, j'étais de service de nuit. Je commençais toujours à six heures du soir. Le vendredi, j'ai apporté les boîtes que j'ai cachées dans un tiroir bien fermé à clé. La nuit courte, chaude, est passée rapidement. À l'aube, j'ai mis une ampoule dans chaque boîte de façon à ce qu'elles gouttent doucement. Ensuite, je suis allé faire ma ronde. Tout était calme à l'extérieur, la ville n'était pas encore réveillée. Je suis monté au premier étage et j'ai disposé les deux boîtes dans une colonne de pneus empilés. J'ai sécurisé le tout en jetant les quatre ampoules restantes sur des sièges de voitures.

À six heures du matin, j'ai transmis le service à mon successeur et je suis rentré à la maison.

Ce week-end-là, j'ai fumé toute mon allocation de cigarettes.

Quand je suis arrivé lundi matin au travail tout était déjà fini. Ou presque. Au rez-de-chaussée du hall central se tenaient les trois responsables accompagnés par quatre agents de la Gestapo.

Deux autres agents surveillaient l'entrée.

Le toit en verre du garage était détruit, des bouts de pneus brûlés parsemaient le trottoir, ainsi que des boîtes bosselées et des débris de maçonnerie. Le désordre régnait partout à l'intérieur : machines endommagées, portes tordues, murs noircis et mouillés. Ça avait dû être un beau spectacle !

Les agents de la Gestapo ont attendu que tout le monde arrive au travail. Zerfass et le Suisse étaient pâles et expliquaient quelque chose avec des gestes exaltés à un manteau de cuir. Kaufmann se tenait un peu plus loin, résigné. Les mécanos et les ouvriers s'étaient également regroupés dans un coin, le plus loin possible de ces messieurs.

Ils nous ont tous alignés contre le mur. Nous avons dû poser nos outils de travail. Ensuite, nous avons été appelés individuellement à une table, au milieu de la pièce. Chacun devait vider ses poches. Certains apportaient leurs gamelles qui n'échappaient pas à la fouille. Les interrogatoires ont commencé après que cette procédure n'eut rien donné.

Ils étaient menés par un grand maigre de la Gestapo. Le Suisse traduisait.

« Vous savez tous pourquoi nous sommes ici. On pourrait, bien sûr, admettre qu'il s'agit d'un malencontreux hasard, d'une imprudence, si... » Il a élevé la voix. « S'il n'y avait pas eu un premier incendie des véhicules au niveau du rez-de-chaussée, samedi après-midi. Les gardiens l'ont maîtrisé avec des extincteurs, mais, dans la nuit, il a fallu l'intervention des pompiers. Deux incendies en un jour. Non, messieurs, il ne s'agit pas d'une négligence. Il s'agit d'un acte clair et intentionnel de sabotage. Vous savez certainement comment le Reich punit de tels actes. »

Je voyais la peur dans le regard de certains de mes compagnons, surtout chez les jeunes inexpérimentés.

« Je ne m'attends évidemment pas à ce que le coupable se dénonce volontairement, a poursuivi le grand gestapiste d'une voix glacée. Mais peut-être que certains parmi vous suspectent quelqu'un, ont un soupçon, se souviennent de quelque chose qui pourrait nous aider. »

Il s'est avancé vers un jeune Français.

« Vous par exemple, vous ne savez rien ?

— Non monsieur, je ne sais rien, a répondu en bredouillant le jeune homme.

— Et vous non plus ? a-t-il demandé au voisin.

— Moi non plus, monsieur, j'étais absent la semaine dernière.

— Et tous les autres, personne ne veut rien dire ? »

Personne ne s'est manifesté.

« Très bien, *meine Herrschaften*, on vous fera tous fusiller ! Un sabotage collectif, la responsabilité est donc collective. »

La menace n'a eu d'effet que sur quelques gars. Leurs jambes se sont mises à trembler, ils sanglotaient. Des cris de peur retentissaient ainsi que des demandes de grâce.

Les hommes de la Gestapo se sont concertés ; probablement aussi sur le fait que les mécaniciens auto ne poussaient pas en France comme les champignons après la pluie, et que le front à l'est avait un besoin urgent de véhicules réparés.

« C'est tout pour aujourd'hui, a déclaré le grand gestapiste. Mais ne craignez rien, on se reverra. On a déjà résolu bien d'autres affaires, on saura y faire aussi avec celle-ci. *Heil Hitler !* »

Personne parmi nous n'avait probablement vu les bras levés avec autant de joie que ce jour-là.

Zerfass a donné l'ordre de nettoyer les ateliers et de se remettre au travail. Plusieurs camions emportaient les débris et le matériel détruit. La Gestapo n'est pas revenue.

Au rendez-vous suivant, Botoš m'a félicité. Mais curieusement, les amis de la direction tchécoslovaque n'avaient pas l'air particulièrement enthousiastes : je ne devais pas obéir à des ordres d'autres groupes. Ils préparaient probablement une action similaire et ce sont les Roumains qui allaient ajouter ce succès à leur compte. Comme quoi, la rivalité et la recherche du prestige existaient aussi dans la Résistance... J'ai haussé les épaules. Je n'avais pas connaissance de ces querelles haut placées, et elles ne m'intéressaient pas.

Quelques jours plus tard, l'un des anciens taxis m'a invité chez lui. Il disait avoir dans sa cave une bouteille de plus de vingt ans d'âge, un chef-d'œuvre. Je ne sais pas s'il était si vieux que cela, mais en tout cas le vin était excellent. Nous sirotions nos verres et parlions de tout, surtout de politique. Le sujet de l'explosion a évidemment été abordé. Marcel m'a tapoté l'épaule avec un grand sourire.

« C'était du beau travail, Imre ! Tu l'as parfaitement réalisé », m'a-t-il déclaré.

Je me suis défendu :

« Pourquoi tu me dis ça ? Je ne suis au courant de rien.

— Et moi non plus, et c'est bien comme ça. Personne n'a rien vu, personne n'a rien su. C'est réglé, allez, finissons la bouteille. Vive la France. »

Nous avons bu le délicieux breuvage jusqu'à la dernière goutte. Quand je suis tombé plus tard aux mains des nazis, Marcel apportait à ma femme de la nourriture et de l'optimisme.

Aventures parisiennes

Par la suite, j'ai plutôt travaillé avec les nôtres, surtout avec Rudolf Bukáček. De préférence à d'autres endroits. Il y avait également porte de Champerret des ateliers de réparation de véhicules de la Wehrmacht. Des camions cette fois-ci. Certains étaient garés à l'extérieur dans une ruelle déserte. Les ampoules d'acide que m'avait données Botoš étaient très pratiques. Nous en avons fabriqué des semblables. Nous les avons jetées dans deux cabines de camions. Le troisième avait même le capot ouvert, c'était encore plus sûr.

Nos gars fabriquaient également de très bons cocktails Molotov, dans des ateliers secrets. Un jour d'automne, nous sommes allés avec Rudolf en banlieue, sur un pont qui surplombait des voies de chemin de fer. Sur une voie secondaire, un train de marchandises était parfois stationné. Ce jour-là, des gardes armés surveillaient un convoi.

Probablement quelque chose d'important. Nous avons attendu le crépuscule. Bukáček a lancé une bouteille depuis le remblai, moi depuis le pont. Toutes deux ont atteint leur but. Nous avons disparu avant que les soldats ne sifflent une alerte.

Une autre activité, que nous considérions un peu comme un sport de loisir, était la destruction des panneaux indicateurs en bois sur les routes de sortie de Paris. Nous y accrochions de petits ballons remplis d'essence et nous y mettions le feu. Une belle quantité a brûlé.

Notre action la plus importante a été l'attaque d'un hôtel de la Gestapo rue d'Alésia, dans le quatorzième arrondissement, à quelques pas de notre logement. Nous l'avons exécutée un jour d'octobre 1942.

Nous nous y sommes rendus avec Rudolf Bukáček et Osvald Závodský vers dix heures du soir. L'hôtel était situé au coin d'une rue, près du métro. Nous entendions de la musique au travers des fenêtres obscurcies, des chants et des cris de joie. On dansait, ces messieurs semblaient bien s'amuser. Nous transportions un tuyau d'acier long de soixante à soixante-dix centimètres rempli d'un explosif puissant. Nous avons prudemment fait le tour de la maison, qu'évidemment nous connaissions déjà.

L'entrée de l'hôtel était dans la cour. On apercevait un portail ouvert à deux battants, devant lequel se trouvait une garde armée.

Par ailleurs la rue était vide, traversée de temps en temps par un passant solitaire.

La façade de l'hôtel comportait trois fenêtres au rez-de-chaussée, qui donnaient dans le salon principal. Celle du milieu était ouverte, nous n'étions séparés de l'intérieur que par un store obscurcissant.

Osvald s'était posté au coin de la rue pour faire le guet. Dès que l'air était « pur », il le signalait en sifflant doucement. Rudolf m'a vite aidé à monter. J'ai posé prudemment le tuyau sur la fenêtre et j'ai essayé d'allumer la mèche avec une cigarette. Je n'y arrivais pas, la corde devait être humide. Je faisais des signes nerveux à Bukáček pour qu'il traverse de l'autre côté de la rue, où il pourrait se cacher à l'ombre des arbres. À ce moment-là, un grincement de freins a retenti dans la rue latérale à gauche du portail. Des pneus ont crissé et une voiture militaire s'est engouffrée rue d'Alésia. Je ne savais pas si Osvald avait eu le temps de siffler l'alarme, moi je n'avais rien entendu.

J'ai éteint avec présence d'esprit la cigarette et je me suis blotti dans le renfoncement de la fenêtre. À ce moment-là, j'ai eu une pensée pour ceux qui avaient imposé le black-out. La voiture s'est arrêtée devant le portail, à cinq ou six mètres de moi. Plusieurs silhouettes chancelantes en sont sorties. Des officiers allemands, déjà de bonne humeur, sont entrés dans la cour. Leurs voix retentissaient près de la porte quand la voiture est repartie et s'est perdue dans le noir, après être passée à côté de moi.

De nouveau, seuls les cris de joie de la salle hilare retentissaient dans la rue.

J'ai rallumé une cigarette de mes mains tremblantes. Au troisième ou quatrième essai, la mèche a enfin pris feu. Elle n'était pas très longue. J'ai sauté en bas et fait signe aux deux autres de courir. Je n'ai pas eu besoin de les encourager. Ils ont pris leurs jambes à leur cou et foncé vers les escaliers du métro. J'avais du mal à les suivre. J'ai pu passer à la dernière seconde sur le quai alors que le portillon automatique était en train de se fermer. Nous avons bondi tous les trois dans la rame qui arrivait. Avant qu'elle ne reparte, le sous-sol a été ébranlé par une violente secousse.

Quelques jours plus tard, Otakar Hromádko m'a informé du succès de l'opération. Plusieurs Allemands étaient morts, beaucoup étaient blessés et une partie du bâtiment s'était effondrée.

Impressionnés par cette réussite, nous avons ensuite préparé l'attaque du siège parisien des Amitiés franco-allemandes. Cependant, en étudiant l'objectif, nous avons découvert que les bureaux étaient situés uniquement au rez-de-chaussée d'un immeuble d'habitation. Nous aurions pu mettre en danger les habitants et nous avons abandonné ce projet.

La direction a décidé, vers la fin de 1942, de faire entrer dans la Résistance ma femme Isabel.

« On vous installera dans l'appartement une ronéo, on vous procurera le papier et le matériel et vous imprimerez des tracts », lui ont-ils dit.

Je devais aller chercher la machine dans un atelier près de la tour Eiffel. Un barbu renfrogné me l'a remise. Elle pesait très lourd et elle était emballée dans une toile.

J'ai appelé un taxi, ou plutôt un vélo-taxi : un vélo ordinaire avec un side-car couvert accroché sur le côté. En somme, un pousse-pousse modernisé. Le « chauffeur » était un homme d'âge mûr d'environ cinquante-cinq ans. Il a eu du mal à m'installer avec la machine sur mes genoux. Je ne pouvais pas bouger et j'espérais que ma jambe ne serait pas broyée. Tant que nous avancions sur du plat, mon cocher s'en sortait peu près mais, une fois arrivés boulevard Auguste-Blanqui, alors que nous commencions à monter vers ma rue, le pauvre a dû descendre du véhicule et le pousser en transpirant. C'était rude, j'avais très honte, mais je ne pouvais pas bouger. Je lui ai demandé de m'arrêter à cinquante mètres de chez moi. Quand je lui ai mis 300 francs dans la main à la place des 200 convenus, une étincelle s'est allumée dans ses yeux. Il m'a certainement pardonné mon poids excessif à ce moment-là. Sans doute se doutait-il que quelque chose n'était pas complètement en règle avec mon bagage car en me quittant il m'a dit :

« Soyez prudent, monsieur, je vous souhaite bonne chance ! »

Il est monté sur son vélo et a foncé vers le bas sans se retourner. Il ne voulait plus rien voir.

Conformément aux règles de la clandestinité, Isabel faisait partie d'une autre cellule que moi. Des Roumains en étaient membres et l'un d'entre eux, qui s'appelait Abramescu, l'a initiée aux mystères de la reproduction. Il a apporté tout le matériel et une belle provision de papier. Les stencils écrits étaient en général apportés par une femme.

Bien entendu, j'aidais ma femme quand j'avais du temps libre. Nous imprimions et reproduisions un tract illégal à l'intention des soldats allemands, *Soldat in Western.* Nous arrivions à en imprimer

15 000 à 20 000 exemplaires par semaine qu'Isabel transportait dans le landau de Consuelo, quand elles allaient se promener. Dès que nous avions terminé, nous cachions la machine dans la cave.

À l'époque, nous habitions un endroit relativement sûr, une petite maison à moitié vide. Ses propriétaires âgés étaient partis vivre à la campagne, où il était plus simple et moins cher d'assurer sa subsistance. Leur fille travaillait la journée, son mari était prisonnier en Allemagne. Nous étions seuls dans la maison la plupart du temps.

Isabel était de nouveau enceinte à cette époque. Elle prenait régulièrement le métro avec Consuelo dans le landau et un sac à provisions déposé au fond, rempli de tomates et de choux-fleurs qui cachaient des tubes d'encre et des stencils achevés. Un jour, alors qu'elle sortait à Place-d'Italie, elle a vu avec horreur qu'un contrôle de police s'y déroulait. Elle se tenait là, désespérée, ne sachant que faire, où aller. Soudain un jeune policier s'est approché d'elle. Isabel s'attendait au pire.

« Permettez, madame, je vais vous aider pour monter les escaliers. Vous auriez du mal toute seule. Je vous en prie ! »

Il s'est saisi du sac et du landau et a monté doucement avec elle les marches vers la sortie.

Isabel devait souvent s'arrêter pour reprendre son souffle. La fatigue de cette montée masquait son trouble.

Pour les Français, une femme enceinte est intouchable. Même en uniforme, ils sont parfois des gentlemen. Arrivée à la maison, Isabel s'est effondrée sur le lit, pratiquement sans connaissance.

Les Français, et pas uniquement les hommes, ont un rapport particulier avec les enfants. Je me souviens avoir pris une fois le métro avec Consuelo. À côté de nous se tenait une dame portant un large chapeau décoré de fleurs artificielles. Ma fille était tout excitée par ce chapeau et essayait, malgré tous mes efforts pour l'en dissuader, d'attraper ces fleurs. Quand la dame s'est rendu compte que quelque chose se passait sur sa tête, elle a ôté son chapeau et a proposé en souriant à la petite :

« Choisis celle qui te plaît le plus ! »

Consuelo a arraché un myosotis.

D'ailleurs, les Français exagèrent parfois un peu, surtout les Parisiens. Mon frère Jakob a eu ainsi une expérience très désagréable avec leur amour pour les enfants. Sa fille Rosette âgée de quatre ans était un véritable démon. Elle devenait incontrôlable dès qu'elle mettait un pied dehors. Jakob, qui était déjà un peu enrobé, transpirait à grosses gouttes avant de pouvoir la rattraper. Un jour, Rosette a probablement dépassé les bornes et a reçu en pleine rue une fessée paternelle.

Qu'avait-il fait ! Deux costauds se sont approchés de lui : « Vous n'avez pas honte de vous en prendre à cette enfant, de la frapper ! Un être sans défense ! Essaye donc avec nous ! », et avant que Jakob comprenne ce qui lui arrivait, ces deux défenseurs des droits de l'enfant l'avaient bien tabassé. Le père, avec un œil au beurre noir et une fille en pleurs, s'est traîné à la maison en jurant de ne plus jamais aller se promener dans Paris avec sa fille.

Et malheureusement, il n'a plus pu y aller bien longtemps.

Je me suis disputé une fois avec Jakob – c'était au printemps 1941. Les Allemands avaient alors ordonné à tous les juifs de s'enregistrer. Moi j'avais refusé.

« Pourquoi ? m'a demandé Jakob. Tu n'as quand même pas honte d'être juif ?

— Sottise ! Pourquoi j'aurais honte ? Simplement, je n'irai pas. J'ai de faux papiers, je ne suis pas assez naïf pour tendre la gorge aux nazis. Ne fais pas l'idiot toi non plus !

— J'ai une femme et des enfants, je ne peux pas me permettre de…

— Moi aussi. Et malgré ça, je ne m'enregistrerai pas. Ou plutôt à cause de ça. Tu verras, je ne serai pas le seul ! »

Jakob ne le comprenait pas. Il devait penser que j'étais un renégat. Quand, à l'automne 1941, les juifs ont commencé à porter l'étoile jaune, Jakob l'a portée aussi.

En été 1942 il a été déporté en Allemagne ou en Pologne.

Je n'ai plus jamais eu de nouvelles de lui.

J'avais deux autres sœurs à Paris, Édith et Régine. Édith, qui était mariée à un Français, est passée clandestinement en zone sud quand elle a su que son mari s'était évadé d'un camp de prisonniers et s'y cachait quelque part.

Régine était membre de la Résistance et vivait comme moi avec de faux papiers. Fin 1942, elle est tombée aux mains de la police lors de l'un de ses nombreux coups de filet. Ils ont trouvé des explosifs dans son sac. Elle a été incarcérée à la prison de Fresnes, et, en 1943, la nouvelle de son exécution est arrivée. Son portrait encadré de noir fut exposé à Paris, après la Libération, parmi ceux des victimes de la terreur hitlérienne. Elle est soudainement réapparue en 1945, malade mais bien vivante. Sa condamnation à mort avait été commuée en déportation dans les camps de concentration. Elle avait survécu à Ravensbrück.

Les griffes de la police et de la Gestapo se rapprochaient impitoyablement de nous. Alik Neuer est arrêté en juillet 43. Artur London, le 12 août. Le 6 décembre ce fut le tour d'Osvald Závodský et, en février 1943 de Ladislav Holdoš[1].

Ensuite, mon tour est venu.

1. Toutes les personnes citées ont été arrêtées par la police française.

QUATRIÈME PARTIE

Aux mains de la Gestapo

L'interrogatoire

Janvier et février 1943 n'étaient pas gais à Paris, pour nous comme pour les Allemands. Les drapeaux à croix gammée étaient en berne. Le Führer pleurait ses troupes de Stalingrad dans un discours radiodiffusé.

Depuis ma guérite de gardien, j'écoutais parfois la radio, notamment la BBC de Londres. Je communiquais à mes camarades des ateliers les dernières nouvelles. Mais il suffisait désormais d'écouter les postes allemands. Zerfass demeura comme paralysé pendant plusieurs jours.

Si j'étais allé voir une cartomancienne (il y en avait une en face de chez nous dans la rue Vandrezanne, une vraie sorcière), elle m'aurait mis en garde contre le mois de mars. Mars a été souvent fatal dans ma vie. Celui de 1943 n'a pas fait exception.

Je me remettais d'un gros rhume, à la maison, et j'aidais Isabel à la reproduction des imprimés. La machine fonctionnait parfaitement, nous étions bien coordonnés tous les deux et le travail avançait comme sur des roulettes. Nous étions le jeudi 25 mars après-midi.

Nous avons été dérangés par la sonnette. Toute visite inattendue était suspecte. Bah, c'était peut-être un des nôtres... J'ai à tout hasard fermé la porte de notre chambre et je suis allé ouvrir. Il y avait devant la porte deux Allemands en uniforme accompagnés d'un Français qui travaillait au garage.

« Vous êtes Imre Szekei ?

— Oui, vous désirez ? ai-je demandé inutilement.

— C'est lui ? »

L'un des Allemands s'est adressé au Français, qui a hoché la tête.

« Prenez votre manteau, nous avons ordre de vous emmener pour interrogatoire. »

Il n'y avait pas le temps pour de longs adieux. J'avais peur que l'idée ne vienne à l'un des Allemands de jeter un œil dans l'appartement ; j'avais encore les doigts noircis par l'encre. Je suis donc resté dans l'entrée et j'ai demandé à Isabel de m'apporter ma veste.

Une courte étreinte, un baiser. Consuelo dormait dans son petit lit.

Il y avait deux autres SS devant la maison. Ils m'ont fait monter dans la voiture et emmené au fort de Romainville, en banlieue parisienne. Le matin suivant je me suis retrouvé rue Lauriston, au siège de la Gestapo[1]. Ils avaient choisi une maison bien lugubre comme quartier général. Nous avons d'abord emprunté un sombre passage dans la cour car leurs bureaux se trouvaient dans l'aile arrière. Ils m'ont conduit au deuxième étage.

Un officier assis dans une grande pièce bien aménagée m'y attendait. Ses hommes s'adressaient à lui en l'appelant *Herr Obersturmführer* Müller. Son visage rond et joufflu contrastait curieusement avec son uniforme. Je m'étais toujours imaginé que c'étaient les fondés de pouvoir qui avaient cette tête.

Il m'a invité à m'asseoir. Sur son bureau trônait un pistolet militaire. Il lisait un dossier qu'on lui avait apporté.

1. On peut penser à une confusion liée à une forme de reconstruction mémorielle : la rue Lauriston est le site de la Gestapo française. Le récit évoque les Allemands de la Gestapo, situés rue des Saussaies. Il n'est donc pas du tout arrêté dans le cadre de la filature aboutissant à la chute de plusieurs résistants MOI par la police française cités plus haut.

« Bon, écoutez-moi. Qui êtes-vous au juste ? Ickovič ou Szekei ? Tchèque ou Hongrois ? »

Je dois avouer que j'avais commis une imprudence impardonnable. Nous avions l'habitude d'avoir deux papiers sur nous, ce qui nous permettait de doubler nos rations. Dans un commerce avec une identité, avec l'autre chez un second. J'avais malheureusement laissé les deux documents dans ma veste. Les Allemands les ont évidemment trouvés. Cela n'avait aucun sens de nier. J'ai dit que je m'appelais Salomon Ickovič, que j'étais originaire de Russie subcarpathique, que j'avais servi dans l'armée tchécoslovaque à l'étranger, et que j'étais venu à Paris après la défaite de la France. Puis j'ai expliqué que j'avais d'abord travaillé dans une entreprise de chimie à Wesseling en Allemagne avant d'être employé chez Fleischhauer. Ils pouvaient vérifier.

« Bien, bien. Ça, on le sait déjà. Avez-vous combattu en Espagne ?

— Non. »

Ça, ils ne le savaient pas et ils n'avaient pas besoin de le savoir.

« Comment se fait-il que vous ayez une femme espagnole ?

— J'ai travaillé comme docker dans le port de Valence. Je me suis marié là-bas.

— On vérifiera tout ça. Avez-vous déjà entendu le nom de Ladislav Holdoš ?

— Non, jamais.

— Artur London ?

— Non.

— Et Osvald Závodský ?

— Non plus.

— Bien, pouvez-vous me donner les noms de vos collaborateurs ?

— Ceux du garage ?

— Imbécile ! Ceux de vos associés dans vos activités terroristes.

— Je n'ai jamais eu de telles activités, je n'ai pas de collaborateurs.

— Vous n'en avez pas eu ? Vous n'avez rien fait ? Et vos deux documents, votre faux nom ! Si c'était le cas, si vous aviez eu un comportement correct, vous n'auriez pas besoin de vous cacher !

— Je ne me cachais pas. Les deux identités, c'était pour les tickets alimentaires. »

Müller notait soigneusement toutes mes réponses. L'interrogatoire a duré environ une heure. Toujours dans le même état d'esprit. Il voulait que je m'avoue terroriste, moi je refusais. Mis à part quelques mots grossiers il se comportait correctement. Pour le sale travail, ses sbires avaient d'autres méthodes.

Quand Müller a fini par perdre patience, il a appuyé sur une sonnette. Deux tueurs en uniformes sont entrés. Le chef leur a donné les notes de mon interrogatoire et leur a dit de m'emmener.

Ils m'ont poussé dans une pièce et c'est là que ça a commencé.

Un coup de poing dans le ventre.

« Terroriste, avoue, sale porc ! »

Un autre dans les dents.

« Ne t'en fais pas, on saura faire avec toi, espèce de sale fumier. »

Au bout d'un moment mon visage était couvert de sang. J'ai vomi. Ils m'ont aspergé d'eau et ils ont continué sans se retenir. Quand je tombais, ils m'aidaient à me relever à coups de poing et de pied. L'un des gorilles devait être un portefaix polonais, car après chaque coup réussi il se soulageait : « *Psiakrew*[1], choléra ! »

J'ai ainsi résisté à cette première expérience avec les pratiques de torture de la Gestapo. Je répétais machinalement toujours la même chose :

« Je suis innocent, je ne sais rien, je ne connais personne. »

Au bout d'une heure environ, les deux culturistes se sont arrêtés. Ils devaient être très fatigués :

1. « Bon sang ! »

ils respiraient très bruyamment et épongeaient leurs fronts dégoulinants de sueur. C'était d'ailleurs la pause de midi. Ils m'ont enfermé et quelqu'un m'a apporté un morceau de pain et du fromage. Je n'avais pas envie de manger. Je saignais de la bouche et mon estomac était encore tout endolori.

L'après-midi, ils m'ont un peu lavé et m'ont de nouveau emmené devant l'*Obersturmführer*. Il me regardait avec son air de commerçant expérimenté.

« Alors, Ickovič, vous avez réfléchi ? Vous allez parler ?

— Qu'est-ce que vous me voulez, je vous ai dit que je ne savais rien !

— Mais nous, on sait beaucoup de choses ! Vous allez être étonné de voir qui on va faire venir pour une confrontation !

— Je n'ai peur de personne. Vous ne pouvez me confronter qu'avec mes collègues et ils ne pourront que confirmer que j'ai correctement accompli mon travail. »

Personne n'a été amené pour une confrontation. En revanche, j'ai été repris en main pendant environ une demi-heure par mes « formateurs » du matin. Je ne répondais même plus pendant les interruptions entre les coups.

Le soir, on m'a apporté un peu de soupe avec une tranche de pain et on m'a enfermé dans un cachot. Le lendemain un nouvel entretien avec Müller a commencé.

Il voulait savoir si je n'avais pas changé d'avis, si je ne voulais pas faire une déposition. Il témoignait ce jour-là d'une grande préoccupation pour moi. C'était dans mon propre intérêt que je devais cesser de nier de façon insensée. Lui-même détestait certaines méthodes (et il a fait un signe de main vers la porte). Si j'avouais et que je donnais les noms de mes complices, je pourrais compter sur sa bonne volonté et sa compréhension. Têtu et ingrat, j'ai refusé ses amabilités. Alors, d'un ton beaucoup plus sec, il m'a une nouvelle fois menacé d'une confrontation surprise. Devant son nouvel échec, il a soupiré profondément et m'a remis, contre sa volonté, à ses deux gars. Heureusement, ces derniers n'étaient pas au sommet de leur forme. Leur performance n'était que l'ombre de celle de la veille.

Après, ils m'ont laissé tranquille. Je n'ai jamais su de quoi ils m'accusaient. Pas un mot n'a été prononcé sur l'explosion du garage. Et qui m'avait dénoncé ? Ce Français qui les accompagnait lors de mon arrestation ? Et que pouvait-il dire sur moi ? C'est resté une énigme pour moi.

Le fort de Romainville

Le dimanche 28 mars au matin, deux hommes en uniforme sont venus me chercher. J'étais couché dans mon cachot, et après ces deux jours d'enfermement, ma jambe blessée me faisait de nouveau souffrir. On m'a enchaîné et traîné comme un paquet dans les escaliers et j'ai été ramené de la rue Lauriston au fort de Romainville.

Cet ancien fort militaire était alors utilisé comme prison par la Gestapo. De hauts murs en pierre entourés d'un fossé profond. À l'intérieur des cachots, des cellules d'isolement et des cellules collectives plus grandes. La surveillance était assurée par les SS. On m'a mis dans une cellule occupée par neuf Français, ou plutôt huit, l'un d'entre eux était belge. J'ai compris en observant leur comportement et en écoutant leurs conversations qu'ils étaient là pour faits de résistance. Ils m'ont tout de suite accepté comme l'un des leurs et ont rempli la paillasse à moitié vide de ma couchette avec de la paille sortie de leurs propres paillasses. À midi, les gardiens n'ont apporté que neuf repas car je n'étais pas encore enregistré. Les gars ont fait une dixième portion à partir des neuf et me l'ont donnée.

Le *Stubenälteste*, le responsable de la cellule, était un professeur de lycée, âgé d'environ trente-cinq ans. Ils l'appelaient René. Les rides de son visage intelligent et ses cheveux grisonnants témoignaient des peines endurées. Il avait passé un an au cachot, ses poignets portaient encore les marques des fers.

Certains de mes codétenus étaient des débutants dans la Résistance, arrêtés à cause d'une erreur stupide. À l'inverse, un jeune garçon qui dormait à côté de moi avait déjà 71 attentats contre les Allemands à son actif. Il avait tenté de se suicider au moment de son arrestation mais la balle avait ricoché sur sa tempe. Il attendait sa condamnation à mort ; sa famille avait déjà été exécutée.

Le fort de Romainville était en fait un camp d'extermination[1]. Parfois, le matin, une liste de

1. L'auteur parle de camp d'extermination par référence aux otages dont il pensait qu'ils étaient fusillés sur place alors qu'ils étaient envoyés au Mont Valérien pour être

noms était appelée et les malheureux étaient conduits à travers une cour dans un bâtiment à l'arrière. Ils chantaient toujours *La Marseillaise* et nous chantions avec eux. Les gardes tiraient en l'air et parfois vers nos fenêtres grillagées.

Le défilé disparu, nous entendions au bout d'un moment la salve du peloton d'exécution.

J'ai appris que j'étais considéré comme un otage...[1]

J'ai tout de suite fait confiance à René. Je lui ai brièvement confié qui j'étais et ce que je faisais. Il ne m'a pas demandé de détails, il connaissait les règles de la Résistance.

« Tu as une famille ?

— Mon épouse et un enfant. Elle est enceinte en ce moment.

---

exécutés. Les otages formaient l'une des catégories d'internés au fort de Romainville, l'un des rares camps alors sous administration allemande. Quoi qu'il en soit cela n'en fait pas un camp d'extermination.

1. Dans le registre du fort de Romainville, à la page 66, il est noté matricule 1921. Il y serait arrivé le 25 mars 1943 et il n'est pas référencé comme otage mais comme détenu « sous enquête », ce qui expliquerait son devenir. Il n'a pas été identifié comme FTP, ni même comme résistant politique. Ses camarades arrivés le même jour que lui seront déportés le 20 avril via Compiègne car non juifs et lui-même, on le verra, sera transféré à Drancy le 17 avril.

— On l'a arrêtée aussi ?

— Je ne sais pas, j'espère que non.

— Tu connais quelqu'un qui pourrait lui apporter un message de ta part ?

— Bien sûr.

— Voilà un bout de papier. Écris-lui ce qui est nécessaire. Qu'elle aligne son discours sur le tien, au cas où. On va s'occuper de le lui transmettre, il n'est peut-être pas encore trop tard. »

J'ai écrit quelques courtes lignes à Isabel. Où j'étais et ce que j'avais déclaré aux interrogatoires. Bien sûr, seulement des faits déjà connus de la Gestapo.

Au bout d'environ dix jours, j'ai reçu sa réponse : elle était en liberté et tout était en règle en ce qui la concernait. J'étais soulagé.

Plus tard, Isabel m'a confié que ce message avait été très utile. Peu de temps après sa réception, elle avait été convoquée, et avait confirmé mes dires : nous nous étions mariés en Espagne, elle était venue en France avec moi et aujourd'hui elle travaillait normalement (elle avait trouvé un emploi légal dans un atelier de confection masculine).

Les Allemands avaient découvert entretemps que j'étais juif, et ils étaient très curieux de savoir si elle l'était aussi. Elle a dû demander par courrier à Valence un certificat de baptême et d'« origine aryenne ». On ne l'a plus dérangée après cela. Par précaution, quand notre fille Régine est née en juin, elle l'a fait baptiser, ainsi que Consuelo.

La vie à Romainville était en adéquation avec la fonction des lieux. La nourriture était infâme : en général du chou à moitié pourri, des patates gelées et un morceau de tendon. Ce *goulasch* était pratiquement immangeable.

Nous avions le droit de sortir quinze minutes par jour de notre cellule. Mais on nous renvoyait à l'intérieur avant qu'on n'ait eu le temps de respirer un peu d'air frais dans la cour.

Des femmes étaient également incarcérées à Romainville. Nous passions à côté de leur secteur en revenant de « promenade ». De temps en temps, l'une d'entre elles se tournait vers nous et nous passait un petit paquet à travers les barreaux : quelques pommes de terre, un morceau de pain, parfois même un œuf ou une rondelle de saucisson sec et des cigarettes.

J'y ai reconnu une belle Roumaine aux yeux noirs, qui se faisait appeler Charlotte. Un jour où j'étais le dernier du rang, elle a passé rapidement sa main à travers les barreaux et m'a donné un petit paquet emballé dans du tissu. Je l'ai caché dans ma poche.

« *Was hast du denn bekomenn ?* »[1]

1. « Montre-moi ce que tu caches. »

Derrière moi se tenait notre garde allemand. Hésitant, j'ai sorti et déballé le petit paquet. Il contenait deux œufs durs et quelques pommes de terre.

« Tu connais cette femme ?

— Non, je ne la connais pas.

— Alors pourquoi elle te l'a donné ?

— Je ne sais pas, j'ai dû lui plaire.

— Elles donnent des paquets à d'autres aussi ?

— Oui. Elles savent que nous avons faim, elles nous aident. Elles doivent être un peu mieux traitées que nous. »

Le SS était grand, grisonnant mais ne devait pas avoir plus de quarante-cinq ou cinquante ans.

« Comment se fait-il que tu parles si bien allemand ?

— Je suis originaire de Tchécoslovaquie. On parle beaucoup allemand là-bas.

— Ah bon ! N'aie pas peur pour tout à l'heure, je ne dirai rien, je sais ce qu'est la faim. Je ne l'ai moi-même que trop vécue. Comment tu t'appelles ? Tu es dans quelle cellule ? La deux ? Vas-y. Attends, je te donne quelque chose. »

Et il a mis dans ma main deux cigarettes. J'étais complètement abasourdi. C'était une provocation ou bien il y avait des êtres humains parmi les SS ? Je n'avais pas le temps pour un long questionnement. J'ai bredouillé des remerciements et j'ai vite traîné la jambe pour rattraper les autres.

Le lendemain, après l'appel, il m'a appelé dans le couloir. Il m'a appris qu'il était un ancien social-démocrate. À partir de 1933, il avait passé huit ans dans un camp de concentration et son seul moyen d'en sortir avait été de revêtir l'uniforme SS. Pendant la Première Guerre mondiale, il avait été prisonnier en Russie. Il comprenait notre situation : si nous avions besoin de quelque chose, on pouvait le lui demander.

C'était une proposition sérieuse. Je me suis confié à René, y compris sur l'offre de l'Allemand. Nous avons discuté de la situation. Il se comportait correctement pendant les appels et les promenades, il ne criait jamais, ne frappait personne. Quand il était de garde, les gars pouvaient même parler ensemble dans la cour. Mais un excès de confiance pouvait nous coûter cher. C'était peut-être un piège bien ficelé. Il fallait quand même prendre le risque, nous avons décidé d'essayer. Avec une lettre banale, adressée à un lieu sûr.

L'Allemand était d'accord. Il a même apporté du papier et un crayon et y a ajouté sa ration de cigarettes. Il a ensuite remis cinq lettres en temps et en heure.

Il est revenu une fois très en colère car le destinataire de l'une d'entre elles lui avait proposé une récompense financière, suivant les instructions de la lettre. Il était vexé.

« Je ne fais pas ça pour l'argent, et je n'en accepterai pas. Et d'ailleurs, je ne sais pas combien de temps je pourrai le faire. Ils vont probablement me nommer ailleurs ou me libérer du service actif. »

Le jour suivant, il recevait la nouvelle de la mort au front de son second fils.

Dans « leur » camp aussi, de cruelles tragédies personnelles arrivaient.

*
* *

En avril 1943, les déportations se sont ajoutées aux exécutions à Romainville. Il n'est resté que six cents détenus dans la prison. Après la guerre, j'ai appris que seuls trois avaient survécu.

Première tentative d'évasion

Le samedi 17 avril 1943 au matin, j'ai été convoqué dans les bureaux du commandant. On m'a présenté un papier. J'étais libéré, la Gestapo ne s'intéressait plus à moi.

« Signez ici en bas, emballez vos affaires, une voiture vous attend dehors. »

Je savais bien sûr qu'il n'en était rien. J'ai eu le temps de dire en vitesse au revoir à René et aux garçons qui restaient dans la cellule. Je ne les ai plus jamais revus.

Il y avait effectivement une voiture devant le portail mais ce n'était pas un taxi. Et on ne m'a pas déposé aux Champs-Élysées ou à Pigalle. Nous nous sommes arrêtés à l'entrée du camp de Drancy et j'ai été remis aux mains de la police française. Je me retrouvais dans un centre de concentration des juifs et de leurs sympathisants, dans l'attente de leur déportation à Auschwitz,

Majdanek ou un autre camp allemand situé en Pologne.

(Les lois de Nuremberg définissaient qui était juif et qui ne l'était pas. En outre, pouvait être considéré comme « juif blanc » toute personne qui aidait un « juif noir » et être ainsi condamnée à partager leur sort. Heureusement, personne n'avait accusé Isabel d'un tel crime.)

Le camp d'internement de Drancy était un vaste bâtiment de trois étages, en forme de U. La partie ouverte était remplie d'installations sanitaires en bois avec vue sur la route et les champs. D'un côté de la lettre U se trouvaient des immeubles d'habitation ordinaires ; l'autre côté voisinait avec une tour, la caserne de police et de gendarmerie ainsi qu'une centrale thermique. Le bloc était entouré de barbelés et surveillé par des gardes français armés.

Il devait y avoir environ trois mille personnes dans le camp, des hommes, des femmes et des enfants. Dans les pièces latérales, quarante à cinquante personnes étaient hébergées, hommes et femmes séparés. Certaines chambres étaient réservées à des familles.

Le règlement était dans l'ensemble plus libéral qu'à Romainville. Nous pouvions nous déplacer dans le bâtiment et la nourriture était meilleure, grâce à la contribution de la communauté juive. Nous avions par ailleurs le droit de recevoir des colis. De fait, certains n'y vivaient pas si mal, mais à quoi bon : quand un transport était annoncé – ce qui arrivait une à deux fois par mois –, toutes les personnes convoquées devaient se rassembler dans la cour près d'un bâtiment en bois et y remettre l'ensemble de leurs biens. Il y en avait toujours environ mille. Ensuite, les SS les faisaient monter comme du bétail dans des wagons, et les emmenaient. De nouveaux arrivants les remplaçaient. Je n'ai pas besoin d'insister sur la façon dont s'enrichissaient ainsi des policiers et des gendarmes. Certains des déportés préféraient donner leurs objets précieux et leur argent à leurs compagnons qui restaient ; j'ai reçu ainsi quelques centaines de francs et une pièce de dix dollars en or. Je l'ai soigneusement cachée, elle pouvait m'être utile.

À Paris, nous savions déjà à peu près ce qui arrivait aux juifs en Pologne. Nous ignorions complètement l'existence des chambres à gaz mais nous savions que des massacres de masse étaient perpétrés. Nous étions conscients qu'un transfert en Allemagne équivalait pratiquement à une condamnation à mort.

Il y avait à Drancy des gens de natures diverses. Des égoïstes, des pleutres serviles et aussi de courageux antifascistes et révolutionnaires. Je me suis rapproché d'un jeune Bessarabien qui s'appelait Barbalat. C'était un garçon mince, élancé, avec des cheveux noirs coiffés en brosse. Il était mécanicien en aéronautique et, en plus d'avoir un nez très grand, il était particulièrement habile de ses mains. Nous nous sommes mis d'accord pour essayer de nous évader.

Dans le sous-sol du bâtiment central, nous avons découvert une porte. Des « anciens » nous avaient dit qu'il s'agissait de l'entrée du conduit par où passaient les tuyaux vers la chaufferie, située sur le côté droit du camp. Le conduit était probablement assez vaste puisque de temps en temps des équipes de surveillance y patrouillaient. Cela semblait assez prometteur.

Barbalat a fabriqué un passe-partout dans l'atelier local d'entretien, et nous sommes partis un soir en exploration. Nous avons attendu que les gardiens terminent leur ronde régulière.

Ensuite, mon compagnon a ouvert la porte avec son passe. Il était très adroit, ça n'a pris qu'un instant. Nous sommes descendus par une échelle métallique. Le conduit était effectivement vaste :

environ deux mètres de haut et deux et demi de large. Le long du plafond couraient des tuyaux de divers diamètres.

Nous sommes arrivés sans problème à l'endroit où, d'après nos estimations, le chemin qui séparait le camp de la chaufferie devait être au-dessus de nos têtes. Mais une autre porte nous barrait le chemin. Nous l'avons vite ouverte, mais nous ne pouvions plus avancer ; derrière cette porte le passage était rendu impossible par un enchevêtrement de fils barbelés.

Nous avons effacé nos traces derrière nous et nous sommes retournés dans le bâtiment. Il fallait avant tout se procurer des scies à métaux, de bonnes pinces et d'autres outils indispensables. Nous étions convaincus que nous arriverions à retrouver la liberté en nous évadant par là.

Nous avons mis dans le coup sept gars auxquels nous faisions confiance. Ils nous ont aidés à trouver de l'argent, des objets de valeur et des vivres. Nous étions prêts au bout de quelques jours et nous avons fixé la date de l'évasion. Les autres occupants de la chambre devaient se douter de quelque chose en nous voyant tout le temps ensemble, mais personne ne nous a dénoncés.

Ce soir-là, il pleuvait comme vache qui pisse, et un vilain vent froid soufflait. Un temps romantique, comme fait exprès pour une évasion.

Après que les gardiens ont fermé à clé la porte du souterrain et sont remontés, Barbalat l'a rouverte en silence. À son signal, des silhouettes se sont décollées des coins sombres du passage et l'une après l'autre elles sont descendues dans le canal. Les lampes de poche éclairaient faiblement le sol en béton. Nous nous tenions par les mains et avancions à la queue leu leu. Le dernier effaçait soigneusement nos traces. Nous avions même refermé à clé la porte derrière nous ; nous voulions éviter qu'ils ne découvrent trop rapidement le chemin de notre fuite. Nous avons bien sûr dû arracher les fils de fer barbelés derrière la deuxième porte, puis les sectionner pour pouvoir passer prudemment. Derrière la barrière de barbelés, se dressait une nouvelle porte que nous avons ouverte. Nous sommes entrés dans une pièce au centre de laquelle se trouvaient deux chaudières et dans un coin un tas de bois et de charbon. Quatre marches montaient vers un imposant portail métallique à deux battants. Probablement le dernier obstacle avant la centrale thermique.

« Un moment les gars, a dit doucement Barbalat. Maintenant il faut travailler avec tact pour ne pas réveiller le chauffagiste qui ne doit pas être bien loin. »

Nous éclairions son travail tout en suivant en tremblant ses préparatifs. Heureusement, c'était le seul à ne montrer aucun signe d'inquiétude. Il essayait les clés les unes après les autres, en sifflotant tout doucement. Il a enfin trouvé la bonne, en a tordu un bout avant d'en limer un autre. Il l'a rentrée prudemment dans la serrure et l'a tournée doucement. J'avais le cœur qui battait à tout rompre. La serrure a cédé et la porte s'est entrouverte avec un léger grincement. Mais rien n'était encore gagné : le battant n'avait bougé que de cinq ou six centimètres. Une barre bloquait la porte de l'autre côté.

J'ai soupiré pour me soulager :

« Eh bien, on est dans la merde ! »

Nous n'avions pas prévu ça. Il y a toujours un imprévu lors d'une fuite…

« Qu'est-ce qu'on va faire ? a demandé à côté de moi un garçon menu qui portait des lunettes. On ne peut quand même pas revenir en arrière !

— Certainement pas !

— Mais que faire… bon sang !

— Du calme, les gars, du calme. »

Barbalat est intervenu dans la discussion.

« Restez silencieux ou bien ce sont les flics qui viendront nous donner des conseils. On n'arrivera à rien si on s'énerve ! »

Il a essayé d'introduire sa main dans l'ouverture, mais deux doigts seulement passaient.

« Si on savait au moins comment c'est de l'autre côté ! »

Il s'est couché sur la marche la plus haute et a éclairé le mince espace sous la porte.

« On ne voit pas grand-chose mais il semble qu'il y ait quelque chose de solide qui coince.

— Mon Dieu, quel boulot ! Peut-être qu'on pourrait le faire sauter, mais ça ferait un boucan trop fort. »

Je déambulais en réfléchissant autour des chaudières, observant les murs. Divers râteaux y étaient suspendus, une pelle était plantée dans le tas de charbon, une hache posée sur un billot.

« Si on essayait de tordre le bas de la porte, on pourrait peut-être arriver à faire sauter cette barre.

— Ce n'est pas une mauvaise idée, m'a répondu Barbalat. Tu vois, quand tu réfléchis, tu as parfois une bonne idée. Regardez autour de vous, les gars, avec quoi on pourrait le faire. »

J'ai décroché un des râteaux du mur mais l'un des jeunes a déniché quelque part une grosse tige en fer.

« Parfait ! Avec ça on devrait y arriver. Donne ! »

Barbalat a essayé avec un autre gars costaud de passer la barre dans la fente mais le manche était épais et la porte solide. Elle n'avançait que millimètre par millimètre. Cela faisait environ deux heures que nous étions descendus. Nous ignorions évidemment si des patrouilles ne passaient pas la nuit de ce côté.

Barbalat et son compagnon dégoulinaient de sueur.

« Mince, il doit y avoir en dessous une sorte de bande métallique ou je ne sais quoi. Ce n'est pas possible autrement. C'est sacrément difficile. »

Effectivement, le résultat de leurs efforts était pour le moment bien modeste.

« Reposez-vous, on va vous remplacer », ont proposé deux Français.

Ils se sont saisis de la barre et ont vaillamment commencé à forcer la porte.

Tout d'un coup, l'un d'eux a glissé et la tige a roulé avec fracas en bas des marches. Nous étions pétrifiés. Au loin, nous avons entendu un aboiement de chien et beaucoup plus près un cri en français :

« Que se passe-t-il ? Il y a quelqu'un ? Hé, les gardes ! »

Nous étions piégés, plus possible de fuir. Le couloir s'est éclairé. L'aboiement s'est rapproché, suivi d'un grondement de pas. Puis quelqu'un a fait tomber la barre et nous nous sommes retrouvés face à quatre policiers armés. L'un d'eux tenait en laisse un chien-loup qui aboyait sauvagement. Un peu plus loin se tenait un bonhomme en sous-vêtements qui nous regardait, estomaqué. Probablement le chauffagiste.

Le sergent a crié :

« Haut les mains ! Emmenez-les ! »

Ils nous ont conduits dans une sorte de pièce. Les retardataires étaient poussés à coups de crosse.

« Tous face au mur ! »

Les policiers ont commencé à nous fouiller. Ils cherchaient des armes, nous n'en avions pas.

Ensuite un court interrogatoire a eu lieu ; tout était d'ailleurs clair. Nous avons avoué spontanément une tentative d'évasion.

Ils nous ont ramenés sous escorte armée dans le camp, nous ont séparés en deux groupes et enfermés dans des cachots en sous-sol. Nous pouvions sortir au soleil une demi-heure par jour, pour nous laver et nous raser. Nous fermions les yeux, qui nous faisaient mal. Nous sommes restés environ quatorze jours dans le noir. Puis nous avons appris que les Allemands allaient désormais administrer eux-mêmes le camp. La veille de leur arrivée, on nous a laissés monter dans nos cantonnements.

Deuxième tentative

Les convois vers l'est se poursuivaient depuis Drancy. Barbalat a été incorporé dans l'un d'eux et a disparu en y montant. Je l'ai rencontré en 1944 dans Paris libéré.

L'administration allemande avait durci le régime. Elle nommait kapos des internés bien choisis qui portaient un ruban rouge comme signe distinctif. Ces individus étaient, comme dans tous les camps, vulgaires, sournois, sans aucun égard envers les autres (uniquement leurs subordonnés, bien sûr).

L'un des membres de notre ex-« commando » était un juif parisien de vingt-sept ans. Il avait été arrêté en même temps que son ami chrétien qui lui fournissait des faux papiers et tous deux se retrouvaient internés à Drancy. Il a été l'initiateur de notre deuxième tentative.

J'ai déjà dit que la partie ouverte du bâtiment en U était remplie d'installations sanitaires en bois. Plus précisément des latrines. Derrière les latrines étaient tendus des fils de fer barbelés et, derrière encore, il y avait un champ pas très grand, une sorte de *no man's land*, lui-même séparé de la route par une autre clôture de barbelés. Dans l'angle droit du champ se trouvait un collecteur de deux mètres environ où aboutissaient les canalisations des latrines et celles des bâtiments environnants. Les sorties passaient sous la route vers les champs environnants. Il n'y avait pas beaucoup de tours de garde qui passaient par là.

Nous avons décidé d'essayer de nous évader en passant par là et nous avons formé un nouveau groupe.

Les latrines étaient le lieu favori pour les conversations politiques et toutes les informations « sûres à 100 % » venaient de là. Il n'était donc pas étonnant d'y voir un groupe de personnes discutant avec passion. Sous une trappe, un conduit, long de dix à quinze mètres, évacuait les eaux usées des latrines vers le collecteur. Nous nous sommes regroupés autour du trou et avons descendu Paul – c'est ainsi que s'appelait le jeune Parisien – jusqu'au fond. Ce n'était certainement pas très agréable, le conduit avait un diamètre d'au plus soixante centimètres et on ne pouvait que ramper à l'intérieur. Paul avait fixé des protections épaisses sous ses coudes et ses genoux et il avait enveloppé sa bouche et son nez d'un bout de tissu, mais quand même ! Nous avions attaché une solide corde à sa cheville pour faciliter son retour à son signal, ou bien pour lui signaler un danger.

Au bout de vingt minutes environ, il a tiré sur la corde et nous l'avons prudemment ressorti. Son aspect n'était pas des plus esthétiques. Nous avions déjà préparé un chiffon mouillé.

« Ça semble possible, a-t-il dit. Mais l'accès au collecteur est fermé par des barreaux. Ils ont pensé à tout, ces vauriens ! Des barreaux d'un centimètre. On va avoir besoin de scies à métaux et ça va prendre du temps avant qu'on arrive à les sectionner. Huit barreaux en croix, donc seize coupes.

— Hum, ça fait beaucoup. Peut-être qu'il suffira de les couper sur deux côtés et qu'ensuite on arrivera à les détacher par la force, ai-je réfléchi à haute voix.

— Peut-être, on verra. De toute façon, ce sera du boulot.

— De quoi ça a l'air plus loin ?

— Il n'y a pas d'autres grilles plus loin. Du moins, je n'en ai pas vu. Je pense qu'on pourrait passer dehors par cette voie. Une fois dans le collecteur, le pire sera passé. »

Trouver les scies, c'était faisable. Le pire a été le travail sur les barreaux. Paul ne tenait pas longtemps dans le conduit ; c'était épuisant et dégoûtant. Il travaillait tout au plus sur un barreau chaque fois. Il en a sectionné la plupart ; de temps en temps, l'un d'entre nous le remplaçait, mais il était le plus efficace. J'ai essayé une fois moi aussi et je dois avouer que j'étais content une fois dehors. En bas, j'ai vomi plusieurs fois, et pendant deux jours je ne pouvais même pas regarder de la nourriture.

Il s'est avéré nécessaire de sectionner presque tous les barreaux – nous n'avions pas la force suffisante pour les tordre ou les desceller. Nous y étions depuis presque trois semaines et commencions à être nerveux. Et si quelqu'un se mettait en tête de nettoyer le collecteur ?

Enfin nous avons commencé à en voir le bout, il ne restait que deux ou trois barreaux.

« Je termine aujourd'hui, a annoncé Paul en descendant. J'en sectionne encore un et le reste doit pouvoir être enlevé. Ça serait le diable si… »

Il a enroulé le tissu autour de sa bouche et est descendu dans le trou.

Nous étions debout dans un coin des latrines, énervés. C'était une chaude journée de juin, ce n'était pas agréable de se tenir là. Encore moins dans le conduit, couché sur le ventre et baignant dans les excréments. Vivement que ce soit derrière nous ! L'un d'entre nous était toujours de garde, surveillant le chemin qui longeait les barbelés le long de la route, au cas où une patrouille passerait. Le plus grand danger venait du coin droit du bâtiment, le plus proche du collecteur. Nous ne pouvions pas voir pas si un Allemand s'y trouvait. Il pouvait entendre le crissement de la scie. Quand nous nous taisions, un faible écho arrivait jusqu'à nous.

Quelque chose d'indescriptible était suspendu dans l'air ce jour-là, je le sentais dans mes os. Le cœur serré, je suais à grosses gouttes. Je n'arrivais pas à les essuyer assez vite sur mon front. Quelque chose allait se produire ! *N'importe quoi, pourquoi tu te fais peur avec tes pressentiments à la gomme ?* C'était à cause de ce temps insupportable.

Il faisait tellement chaud que nous n'arrivions pas à respirer, aucune feuille ne bougeait dehors.

À ce moment-là, mon voisin m'a brusquement saisi le coude.

« Mon Dieu, regarde, a-t-il murmuré, effrayé. Un Allemand ! »

Je regardais le bâtiment. Un soldat allemand armé est apparu, il courait vers les barbelés et s'est arrêté près du collecteur. Nous avons tiré immédiatement deux fois sur la corde, mais c'était déjà trop tard. Tout s'est passé en quelques secondes. Il est arrivé ce que je craignais en mon for intérieur : le soldat positionné au croisement en dehors de notre vue a dû entendre la scie.

Il s'est saisi de son arme et a sifflé trois fois.

« *Alarm ! Fluchtversuch*[1] *!* »

Nous ne pouvions plus sauver notre camarade. Nous avons jeté la corde et nous nous sommes éclipsés. Nous regardions de loin d'autres Allemands accourir vers le collecteur et en sortir Paul. Il avait terminé le travail sur les barreaux…

Notre deuxième tentative d'évasion avait échoué. Paul a été battu et enfermé dans un cachot. Il n'a trahi aucun d'entre nous.

*

* *

Même à Drancy il existait des contacts secrets avec le monde extérieur. J'ai découvert au bout d'un certain temps un intermédiaire sûr, un maçon français qui travaillait à l'entretien des bâtiments. Je me suis rapidement mis d'accord avec lui et il a fait passer plusieurs lettres vers l'extérieur.

1. « Alerte ! Tentative d'évasion ! »

J'ai appris qu'Isabel était en bonne santé et que j'étais père une deuxième fois. J'ai même reçu ainsi de sa part un petit colis.

Quand du courrier arrivait par la poste, les envois étaient posés sur une table dans la cour et chaque destinataire devait ouvrir son paquet sous l'œil des kapos. Ils s'y connaissaient, ces salauds : ils savaient où chercher et manifestaient un tel enthousiasme qu'ils arrivaient à trouver les caches les plus secrètes. Ils découpaient les tubes de dentifrice, les conserves et le pain. Les Allemands regardaient satisfaits, de loin, le comportement de leurs laquais.

La plupart de mes amis et codétenus originels étaient déjà partis. Ma « marraine » avait été déportée : il était d'usage dans le camp qu'une femme s'occupe d'un homme, lui fasse sa lessive, lui répare ses vêtements, et améliore son ordinaire, si elle en avait les moyens.

Les transports de la mort partaient les uns après les autres. Le dimanche 20 juin 1943, ce fut mon tour.

Troisième tentative

Les roues du wagon martelaient d'un rythme régulier les joints. Je roulais à nouveau vers l'Allemagne. Mais cette fois-ci sous escorte armée, enfermé dans un wagon à bestiaux plombé que nous partagions à cinquante ou soixante personnes. Dans mon sac, une boîte de conserve et un quart de pain. Au milieu du wagon, un broc d'eau et, dans un coin, un seau pour les besoins personnels. Il régnait une chaleur étouffante, nous suffoquions à cause du manque d'air, de la puanteur… Une ambiance à la fois nerveuse, électrique et de découragement et, chez certains, la léthargie et le désespoir. À l'arrivée : probablement Auschwitz.

On nous avait embarqués le matin. Auparavant, nous avions dû nous déshabiller presque entièrement. Ils ne nous avaient laissé que quelques chiffons : les condamnés à mort n'ont plus besoin de grand-chose. J'avais réussi à cacher dans ma chaussure ma pièce de dix dollars et quelques billets de banque. J'avais enfoncé un burin dans le pain.

J'avais l'intention de défendre chèrement ma peau. Plusieurs de mes compagnons partageaient ma décision. Nous étions montés dans le train avec la ferme intention d'essayer de nous évader à nouveau.

Le convoi se traînait à travers la plaine française. Un chargement de plusieurs centaines de juifs destinés à la mort n'intéressait pas les responsables du trafic. Nous restions immobiles d'interminables minutes à chaque arrêt, sur une voie secondaire. Tant que le train roulait, nous pouvions à peu près respirer, mais à l'arrêt cela devenait impossible dans cette caisse fermée.

Pour nous, cette lenteur venait à point. Nous voulions nous enfuir sur le territoire français, or, pour cela, il nous fallait attendre la tombée de la nuit. Et si nous passions la frontière avant le coucher du soleil ?

Enfin, il a commencé à faire nuit. À travers les fentes entre les planches du wagon, nous voyions toujours des inscriptions en français dans les gares.

Nous nous sommes mis au travail dès que le train est entré dans une région de forêts, moins peuplée. Nous étions douze à nous être mis d'accord avant le départ et chacun, ou presque, avait réussi à emporter un outil. Détacher les planches d'une paroi de wagon à bestiaux était une affaire de quelques instants.

Mais nous n'avions pas prévu la réaction des autres occupants.

« Qu'est-ce que vous faites ?

— Arrêtez !

— Vous nous mettez tous dans le malheur ! Ils vont nous fusiller ! *Shema Israël !*

— Taisez-vous ! ai-je crié avec colère contre ceux qui protestaient. Si vous croyez être emmenés dans une maison de santé, alors adieu ! Celui qui veut venir avec nous est le bienvenu. Mais plus un bruit ! Plus un geste ! Ou alors... », et j'ai menacé du poing l'obscurité toujours plus dense.

Il fallait une intervention énergique pour éviter que quelqu'un n'ait l'idée de taper sur les parois pour appeler un garde. Personne ne s'est joint à nous, mais au moins les autres passagers sont restés silencieux, ou se sont lamentés doucement.

Nous avons attendu que le train ralentisse, déchiré des couvertures qu'on nous avait données pour le voyage, et nous avons protégé avec ces morceaux nos mains, nos genoux et nos visages.

« Allons-y ! »

Le premier s'est prudemment penché dehors par l'ouverture, a jeté un coup d'œil et a sauté. Nous avons ensuite sauté les uns après les autres, comme les parachutistes d'un avion. J'étais le cinquième ou sixième. J'ai sauté en prenant mon élan et je me suis protégé la tête avec les mains. Je suis tombé sur le bord du remblai et j'ai roulé vers le bas. J'ai eu de la chance, je ne me suis pas blessé. J'ai vite enlevé mes protections et je me suis faufilé, courbé en avant, à travers les buissons et arbustes, qui m'assuraient un abri naturel. Surtout s'éloigner, au plus vite, le plus loin possible des voies.

Je courais autant que mes forces me le permettaient. Jusqu'à maintenant, je n'avais aperçu aucun de mes compagnons.

J'ai alors entendu le crissement des freins, des cris et des tirs. Notre évasion avait été découverte.

Au bout de quelques centaines de mètres j'ai atteint une rivière. Une silhouette était accroupie sur la berge : l'un de mes amis, François, un jeune Français d'origine polonaise.

Vite, je lui ai fait signe,

« Dans l'eau ! On doit nager jusqu'à l'autre côté. »

Nous entendions toujours des cris et des tirs derrière nous. J'ai même eu l'impression qu'une balle avait sifflé au-dessus de nos têtes.

La rivière n'était pas très large et nous sommes arrivés sans problème de l'autre côté. Au-dessus, une pente boisée. Nous n'avions plus de force dans les jambes, mais nous avons réussi à nous frayer un passage vers les hauteurs, à travers le sous-bois. Nous n'étions pas encore à l'abri de nos poursuivants.

Là-haut, nous sommes tombés épuisés par terre. Nous n'en pouvions plus. L'obscurité devenait de plus en plus profonde, nous n'y voyions qu'à quelques pas. Nous n'entendions plus de tirs, un silence profond s'était fait.

« Mon Dieu, a soufflé mon compagnon, soulagé. Tu crois qu'ils ne nous cherchent plus ?

— Je l'espère. Mais on doit rester prudents de toute façon. On n'est pas encore en sécurité.

— Qu'est-ce qu'on va faire ?

— Avant tout, trouver où nous sommes. Ensuite, on verra. J'ai un peu d'argent. On arrivera bien à retourner à Paris. »

Soudain mon compagnon a redressé la tête.

« Attends ! Tais-toi ! Tu entends ? »

J'étais immobile et je regardais fixement dans la nuit. On entendait effectivement le craquement de quelques branches et aiguilles de sapin à droite. Quelqu'un s'approchait de nous. Nous avons pris chacun une pierre dans la main et nous nous sommes cachés derrière un arbre. Le bruit des pas était de plus en plus fort. Après quelques instants, une silhouette est sortie des buissons et s'est arrêtée au milieu de la clairière en jetant un coup d'œil tout autour. Nous avons reconnu un autre évadé, un Hongrois.

« János, l'ai-je appelé doucement. *Itt vagyok*[1]. N'aie pas peur, c'est nous. »

Nous l'avons accueilli joyeusement, comme un vieux copain. Il ne savait rien des autres.

Nous ne tenions plus sur nos jambes, mais nous avons décidé de continuer à marcher. L'obscurité était notre meilleure protection, nous pourrions dormir pendant le jour.

La forêt était profonde ; nous avons marché plusieurs heures en nous interrompant quelques fois. Pour être plus précis, nous nous traînions. Il est aussi possible que nous tournions en rond : nous n'arrivions pas à nous orienter, la nuit était sombre, sans étoiles. Nous n'avons atteint la lisière de la forêt que le matin. Devant nous, un champ de blé dans lequel se croisaient deux chemins de campagne.

« Ça suffit ! On s'arrête ! »

J'ai parlé de façon décidée. J'étais le plus vieux, je me considérais démocratiquement comme le chef.

1. « Je suis là. »

« On va se reposer et attendre que quelqu'un passe par là. »

À ce moment-là, nous avons eu très faim. Ce n'était pas étonnant : la dernière fois que nous avions grignoté quelques bouchées, c'était la veille, à midi, dans le train. Nous avions gardé la « réserve en fer », des conserves que nous avons dévorées jusqu'à la dernière miette. Nous trouverions bien quelque chose plus tard chez des paysans. Ensuite, nous nous sommes cachés dans les buissons et nous nous sommes endormis, enfin libres, pour la première fois depuis quatre mois en ce qui me concernait. Enfin, si ce mot avait encore un sens.

Un hennissement nous a réveillés dans l'après-midi. Un cheval chargé de sacs avançait sur le chemin. À côté de lui, un paysan avec un chapeau de paille.

Je me suis tourné vers le Polonais.

« Écoute, François, c'est toi qui parles le mieux le français. Va voir où nous sommes et qui il est. Il pourra peut-être nous aider. S'il y a quelque chose, on te couvre. »

Chacun de nous était armé d'un gros bâton noueux.

François s'est levé et est allé à la rencontre du paysan. Celui-ci a arrêté son cheval et a regardé avec méfiance l'étranger suspect. Avec raison, il nous fallait bien l'admettre. L'habit de François, qui n'était déjà pas très élégant, portait maintenant les traces de nos dernières aventures. Il n'était pas vraiment adapté pour faire connaissance avec un inconnu.

Nous observions, tendus, les deux hommes et essayions de deviner si leurs échanges étaient cordiaux. Nous devinions, à partir des gestes du paysan, qu'il lui montrait un chemin ou un lieu. C'était bon signe. Ensuite, l'homme a ouvert une sacoche accrochée au flanc du cheval et a passé à François un petit paquet. À présent, c'était gagné. Ils se sont serré la main en se séparant.

Nous sommes sortis de notre cachette quand l'homme et son cheval ont disparu dans un repli du champ.

« C'est tout bon, nous a annoncé un François tout joyeux. On doit attendre ici un moment, il va nous amener de l'aide. Il a tout de suite compris que nous nous étions évadés, et il était disposé à nous aider. Il était très aimable, regardez ce qu'il m'a donné ! » Il a déballé le paquet, qui contenait un demi-pain et un gros bout de saucisson. « On est déjà en Belgique, pas loin de la frontière. Il m'a dit comment ça s'appelle ici, mais j'ai oublié.

L'important, c'est qu'il nous amène quelqu'un de fiable. »

Et effectivement, environ deux heures plus tard, notre bienfaiteur était de retour. Cette fois-ci sans cheval mais avec un homme en pardessus. François est allé à leur rencontre. La discussion a été brève. L'homme a ouvert son pardessus, une mitraillette en bandoulière sur sa poitrine. François nous a fait un signe de la tête.

Le nouveau venu était un partisan belge. Il était déjà renseigné à notre sujet. Les Allemands avaient lancé une alerte la veille au soir dans la région. La police et la gendarmerie patrouillaient à la recherche de trois évadés d'un transport de prisonniers.

« Seulement trois ? ai-je demandé inquiet.

— Oui, c'est ce que nous avons entendu. Vous étiez plus ?

— En tout, douze.

— Hum, cela veut dire qu'ils ont attrapé ou tué les autres. Les bandits ! »

Ce n'était certainement pas une nouvelle encourageante, mais que pouvions-nous y faire ? Chacun connaissait les risques d'une évasion.

« Vous allez attendre ici jusqu'à demain matin », a continué le Belge. C'était un gars haut et sec, d'aspect sévère. « Je vous ai apporté des couvertures, et les nuits sont d'ailleurs chaudes. Demain on vous procurera des papiers, pour pouvoir rejoindre Paris. Soyez tranquilles, nous avons des patrouilles dans le village. À la moindre alerte, on vous prévient. »

Nous avons passé une nuit tranquille, et même agréable sous les couvertures. Notre partisan est revenu le matin, accompagné d'un autre homme, un photographe. Nous avons tendu une couverture entre des branches et il nous a photographiés sur ce fond improvisé. Je dois préciser qu'ils avaient apporté de quoi nous raser pour que nous n'ayons pas des têtes de criminels évadés sur les photos. Ce que nous étions en réalité.

Ils nous ont demandé les noms que nous voulions sur nos papiers. Je ne me souviens plus du nom que j'ai donné. Ils nous ont laissé des provisions : sardines, saucisson et pain. Et ils sont repartis. L'après-midi même, chacun de nous avait un nouveau document : un laissez-passer pour vacances ou quelque chose de semblable. Vite fait bien fait. Nous avons reçu également des habits corrects – il était impossible de voyager avec les autres.

Au crépuscule, un autre homme nous a emmenés à la gare. C'était un cheminot ; nous avons marché longtemps sur les voies pour arriver à la gare par-derrière, afin que personne ne nous voie.

C'était une petite gare de campagne, peu éclairée, mais très animée. Il y avait beaucoup de soldats sur le quai, un transport militaire venait probablement de s'arrêter. Nous avons tournicoté un moment autour de wagons sur les voies secondaires, trébuché sur les traverses…

*

* *

Me voici de retour à Paris, avec de faux papiers et en liberté conditionnelle. L'occasion pour de nouveaux combats, de nouveaux dangers.

J'ai quitté hâtivement mes compagnons. Chacun devait poursuivre seul son chemin.

Le mien me conduisait au métro, où j'ai failli déjà gâcher ma nouvelle chance. Je suis tombé en plein milieu d'un contrôle de police…

Heureusement, il était exécuté par des policiers français, moins efficaces, qui ne contrôlaient qu'une personne sur dix environ. Je suis passé sans être inquiété mais ça m'a quand même provoqué une belle angoisse. Après tout ce que je venais de vivre, cela aurait été trop cruel !

Bien entendu, je ne pouvais pas rejoindre Isabel à la maison. Je connaissais l'adresse d'un agent de liaison, place de la Bastille. Je ne voulais pas tenter le sort et je suis descendu à l'arrêt précédent car les contrôles se faisaient surtout dans les stations de correspondance. J'ai été accueilli par cette amie comme un ressuscité d'entre les morts. Quand Isabel a été informée de mon retour, elle a pris cela comme une plaisanterie inepte. Elle aussi s'était résignée à ne plus jamais me revoir.

Cinquième partie

La roue de la fortune

La bataille du rail

Par un curieux hasard, j'ai aperçu le lendemain matin, rue de Rivoli, le visage expressif de mon vieil ami Antonín Svoboda. Nous avions simplement de la chance l'un avec l'autre.

Svoboda, avec Hromádko, Nekvasil et Bukáček étaient les derniers mohicans du groupe tchécoslovaque de la Résistance. Antonín a été un peu effrayé en me voyant, mais il a vite retrouvé son calme habituel. D'un signe imperceptible, il m'a invité à le suivre. Nous n'avions évidemment pas le droit de nous adresser l'un à l'autre en public.

Dans un passage, je lui ai rapidement raconté mon histoire et ma situation. Il était vraiment heureux de notre rencontre, tous me considéraient comme perdu.

« Marche prudemment derrière moi, Salomon, nous allons aller à Argenteuil. Nous avons là-bas des gens bien, on va te cacher chez eux un moment. Tu dois te reposer, mon gars. Tu as une tête terrible. »

Je ne m'étais pas beaucoup regardé dans un miroir, mais je pouvais l'imaginer. Durant ces quelques mois, j'avais perdu plus de quinze kilos.

Nous sommes arrivés sur place en autobus. Svoboda m'a conduit à une petite maison avec un jardinet. Une famille slovaque du nom de Sýkora y habitait. Elle était arrivée là avant la Première Guerre mondiale. Le père était ouvrier dans une usine d'aéronautique. Ils avaient deux fils adultes. Les parents leur parlaient en slovaque, les garçons répondaient en français...

Je suis resté environ cinq semaines chez les Sýkora, jusqu'à fin août 1943. J'y étais très bien, c'étaient des gens merveilleux. Ils s'occupaient de moi comme si j'étais de la famille. Très vite, j'étais parfaitement rétabli.

De temps en temps, Svoboda venait me voir. Il m'apportait, entre autres, des nouvelles de ma femme. Ils ne voulaient pas qu'elle vienne me voir, et moi-même je ne sortais que dans le petit jardin. Isabel et nos deux filles résidaient pour le moment dans l'appartement de ma sœur qui, comme je l'ai déjà évoqué, était partie clandestinement en zone sud rejoindre son mari. C'était un joli deux pièces, situé au deuxième étage d'un immeuble de la rue François-Miron, près de l'Hôtel de Ville.

Svoboda m'a également apporté deux documents d'identité, dont l'un au nom habituel d'Imre Szekei. (Je n'arrive pas à comprendre, encore aujourd'hui, pourquoi les gars m'avaient de nouveau procuré des papiers au nom sous lequel j'avais été arrêté quelques mois auparavant. Ils avaient probablement préparé ces papiers avant et considéraient que les Français et les Allemands m'enregistraient maintenant dans leurs fichiers sous le nom d'Ickovič. Je dois en tout cas admettre que c'était un comportement inconsidéré – que nous avions parfois, malgré toute notre expérience de la clandestinité.)

D'après mes autres papiers, je m'appelais dorénavant Eugène Pavlásek, né à Ružomberok[1] en Slovaquie. Malheureusement, aucun de ces deux documents n'était rempli sur le formulaire vert qui seul autorisait un emploi durable, d'après la nouvelle réglementation.

La direction m'a ensuite donné l'autorisation de retourner auprès d'Isabel ; mais pas comme son

1. Ville en Slovaquie.

époux, bien sûr. Simplement comme le sous-locataire Pavlásek, qui payait à une femme seule une partie du loyer. Bon, cela pouvait être risqué, et je le paierais bientôt.

J'ai donc emménagé rue François-Miron, et les retrouvailles ont été mouvementées. C'était la première fois que je voyais Régine ; en revanche, Consuelo m'a immédiatement reconnu (contrairement à moi) et m'a sauté au cou. J'étais étonné par la grande fillette qu'elle était devenue.

*
* *

Un jour de septembre, alors que j'avais un nouveau rendez-vous avec Svoboda, il me dit au cours de notre conversation :

« Veux-tu encore faire quelque chose ?

— La guerre n'est pas finie. Si vous avez toujours besoin de moi…

— Je ne poserais pas la question si ça n'était pas le cas. On a toujours besoin de gens de confiance. Je vais te faire rencontrer un Italien des FTPF. Il se mettra d'accord avec toi sur les détails. Il travaille sous les ordres de Manouchian. »

J'ai émis un sifflement de surprise. Manouchian, arménien de naissance, était un personnage quasi légendaire de la Résistance parisienne[1]. En tant que responsable des groupes technico-militaires, il s'occupait des attaques de la Résistance, des destructions et des sabotages. Sous ses ordres, c'était toujours du sérieux.

« Parfait ! Ce farniente commence déjà à m'ennuyer. Mais auprès de Manouchian c'est chaud, non ? Bah, maintenant en automne, ça peut être à propos. »

Quelques jours plus tard, le combattant italien de Manouchian est venu me trouver. Défiant toutes les lois de la nature, il était d'un roux flamboyant. Il m'a posé des questions très détaillées sur mon activité passée, sur mon arrestation et sur mon évasion. Il établissait avec soin une évaluation des « cadres » des groupes de combat. Nous nous sommes vite mis d'accord.

« Je vais t'envoyer chez Pierre. Il s'occupe des voies ferrées à l'ouest de Paris. Je crois que vous allez bien vous entendre. »

C'est vrai qu'avec Pierre nous nous sommes tout de suite compris. C'était un garçon juif de

1. Le nom de Missak Manouchian était inconnu de l'essentiel des combattants et son activité évidemment clandestine. On peut penser ici, en vertu d'un piège classique de la mémoire, que Salomon Ickovič reconstitue ce qu'il a appris plus tard.

Timisoara, en Roumanie ; il avait également combattu en Espagne, éprouvé Gurs et la clandestinité en France. Il n'avait pas encore trente ans, était plutôt fluet mais, comme j'allais bientôt le découvrir, il était extraordinairement courageux, tenace et dévoué. Un commandant à qui faire confiance.

Nous étions six dans le groupe de Pierre : deux Italiens, un Hongrois et un Polonais en plus de nous. Jeunes pour la plupart, la vingtaine.

C'était probablement le début de la fameuse bataille du rail des résistants français, que nous avons menée dès l'automne 1943. Notre première tâche (depuis mon recrutement) était de faire dérailler un train militaire sur la ligne Paris-Caen-Cherbourg.

Il fallait d'abord repérer le lieu le plus propice à l'action. Sur la carte, Pierre a choisi une zone à un peu plus de soixante kilomètres de Paris. Il m'a invité à l'accompagner pour l'exploration. Nous avons acheté séparément nos tickets et nous sommes descendus chacun de notre côté à la gare fixée. Je ne me souviens plus de son nom ; ce n'était pas loin d'Évreux. Nous nous sommes retrouvés dans une forêt proche. Il ne fallait pas trop se rapprocher de la voie, car les principales lignes vers la Manche étaient surveillées par les Allemands. Nous devions observer prudemment et évaluer le terrain de loin, en déterminant les intervalles entre les patrouilles.

Nous avons enfin trouvé le lieu qui nous semblait le plus adapté à la réalisation de l'attentat. À environ quatre kilomètres de la gare, la voie était sur un haut remblai et virait brusquement. Si le train déraillait à cet endroit, il tomberait forcément le long de la pente. Le long de la voie poussaient des arbres et des buissons.

« Un endroit comme créé pour nous, qu'en penses-tu ? a souri Pierre d'un air satisfait, en lissant ses cheveux noirs rebelles. Tu n'as rien perdu en chemin ? »

J'ai passé ma main sur mon ventre. Sous mon manteau, j'avais coincé dans ma ceinture les outils nécessaires, surtout des clés de 26 pour les boulons des traverses et de 24 pour les éclisses.

« N'aie pas peur, j'ai tout. Quelle heure est-il ? »

Pierre a regardé sa montre.

« On a le temps, il n'est que quatre heures et demie. Les gars des chemins de fer nous ont dit que le convoi militaire partirait de Paris vers neuf heures, neuf heures et demie. Il ne peut pas être ici avant minuit. Ils auraient chargé aujourd'hui des tanks et des canons. Si on réussit, ça pourrait faire un beau coup ! Qu'en penses-tu ? »

J'ai acquiescé.

« Maintenant, on va se reposer tranquillement en attendant les autres. Après il faudra encore déterminer quand les boches viennent traîner la nuit. »

Nous sommes retournés en flânant vers la forêt. Nos quatre camarades devaient arriver par le dernier train de voyageurs. Les voies étaient réservées aux transports militaires à partir de neuf, dix heures.

Les gars sont arrivés après neuf heures. Je les ai conduits discrètement vers notre emplacement. Pierre a distribué les tâches.

« Vous vous rapprocherez derrière nous de l'endroit choisi. Dès que la patrouille sera passée, Ryszard et Elek monteront la garde de chaque côté. Vos pistolets fonctionnent ? »

Les deux garçons ont acquiescé. Eux seuls étaient armés.

« Nous quatre, on se met vite au travail, a continué Pierre. Au signal d'alerte ou au coup de feu, on fuit dans des sens opposés : nous de l'autre côté de la voie, vous en arrière. Sinon, quand ce sera terminé, on part tous dans cette direction. » Pierre a désigné une colline derrière. « Vous avez tous une boussole ? Vous vérifierez la direction tout à l'heure. Si nous ne nous retrouvions pas, si quelqu'un se perdait, vous connaissez tous notre prochain lieu de rendez-vous. »

Nous nous rencontrions toujours par groupe de deux ou trois dans des lieux déterminés à Paris, pour garder le contact, transmettre de nouveaux ordres ou pour des vérifications.

« Surtout, ne pas rester longtemps sur place, tout doit aller vite. C'est clair ? Des questions ? Alors, on y va ! »

Nous nous sommes mis en marche. Nous étions cachés par les ombres des arbres et des buissons, la nuit était claire et ventée mais heureusement sans lune. Nous sommes arrivés au bout d'environ une heure. Devant nous, un remblai de chemin de fer disparaissait en tournant dans l'obscurité. Je n'avais aucune expérience de l'entretien des voies de chemin de fer mais j'étais confiant en mes capacités à en comprendre les mécanismes au premier coup d'œil. Au bout d'un moment, la patrouille est passée. Dès qu'elle a eu disparu, nous avons rapidement grimpé là-haut. Le Polonais et le Hongrois se sont éloignés chacun d'une centaine de mètres environ et nous nous sommes mis au travail. Les gars déboulonnaient habilement à trois ou quatre endroits les rails des traverses : on voyait qu'ils ne faisaient pas ça pour la première fois. Ensuite nous avons enlevé les éclisses et écarté les rails de façon à ce que leurs extrémités pointent vers la gauche, à l'extérieur du virage. Par sécurité, nous avons aussi coincé les éclisses entre les rails écartés.

Le train chargé de tanks et de canons pouvait arriver.

Nous avons fait signe aux guetteurs, et vite, en bas du remblai ! Et maintenant le plus vite possible vers la colline repérée en amont ! Le souvenir d'une pareille fuite, il n'y a pas si longtemps, m'est passé par la tête, mais cette fois-ci c'était quand même plus gai... Suivant les instructions, nous devions nous éloigner transversalement le plus loin possible du lieu de l'action et rentrer par d'autres chemins qu'à l'aller. Au bout de six ou sept kilomètres, nous avons entendu derrière nous un vacarme retentissant. L'horizon s'est coloré d'un éclat rougeâtre et les sirènes d'alarme ont commencé à hurler dans la nuit.

Nous avons attendu le matin dans le bois, puis nous nous sommes séparés. Chacun devait rejoindre Paris par ses propres moyens. Je n'avais encore jamais vu autant de véhicules militaires et de police sur les routes que ce jour-là.

*

* *

Nous avons encore exécuté avec succès deux actions semblables. L'une d'elles entre Rouen et

Le Havre, il me semble. Les deux à environ quatre-vingts à cent kilomètres de Paris.

Je dois néanmoins avouer que je n'étais pas satisfait de notre groupe. Bien sûr, je ne parle pas de Pierre qui était formidable. Les deux Italiens, Luigi et Mario, étaient aussi de bons et fiables combattants. Mais les deux plus jeunes, Ryszard et Elek, n'en faisaient qu'à leur tête. Ils ne respectaient pas les règles de la clandestinité ; ils étaient insouciants et imprudents. Lors d'une opération, nous avons dû sauter dans le fossé pour éviter des voitures qui arrivaient et Elek a perdu son arme. Nous n'avons pas réussi à la retrouver malgré tous nos efforts. Pierre et moi, nous les mettions souvent en garde : qu'ils ne se promènent pas ensemble dans Paris, qu'ils ne parlent pas inutilement n'importe où.

Nous les enjoignions de respecter la discipline des combattants de la Résistance car ils nous mettaient tous en danger. En vain. Ils devaient penser que nous avions peur ou bien que nous voulions jouer aux maîtres d'école.

Un après-midi de novembre, je me suis rendu dans un café de la rue Cardinet pour y attendre Pierre. Nous y avions régulièrement rendez-vous et il avait également convié ce jour-là nos deux « enfants terribles » pour leur donner un dernier avertissement : soit ils se soumettaient, soit nous devrions nous séparer.

J'en étais à mon deuxième verre de vin, mais Pierre, d'habitude toujours à l'heure, n'était pas là. Dans une demi-heure, Ryszard et Elek devaient arriver à leur tour. Mais eux non plus ne sont pas venus. J'étais inquiet. Est-ce que je m'étais trompé de date ? Ou alors…

Nous prévoyions toujours deux rendez-vous de remplacement au cas où quelqu'un ne pouvait pas venir, ou bien le ratait. J'ai attendu en vain deux fois, personne n'est venu. Alors, j'ai su qu'un malheur était arrivé. Je me suis dépêché de joindre notre agent de liaison que nous appelions Nelly. C'était une Slovaque de Košice, l'épouse de Karel Štefka. Elle m'a confirmé mon pressentiment.

« Ça va mal, Eugène, reste chez toi. Le groupe a explosé. Sois heureux qu'ils ne t'aient pas attrapé. Je ne sais pas si à part toi quelqu'un d'autre s'en est sorti. Quelqu'un savait où tu habites ?

— Uniquement Pierre.

— C'est bon, lui ne dira rien. Je te contacte quand ça se calme un peu. »

Quelques jours plus tard, j'allais faire des courses pour Isabel lorsque j'ai aperçu un groupe de gens devant une affiche au coin de la rue. Je me suis faufilé parmi eux. Sur l'affiche rouge collée au mur, les visages de mes quatre camarades Pierre, Mario, Elek et Ryszard. Sous les photos, des pistolets, des détonateurs et d'autres pièces à conviction. De grandes lettres noires proclamaient que les criminels arrêtés avaient été condamnés à mort par le tribunal du Reich. La sentence avait été exécutée sans délai.

Vous ne seriez pas juif ?

Je n'ai pas eu le temps de recevoir de nouvelles propositions de la part de mes amis.

Le mardi 14 décembre 1943, ma belle-sœur Fanny, l'épouse de mon frère Jakob, est venue nous rendre visite. Depuis la déportation de son mari, elle vivait seule avec ses enfants et était couturière. Isabel travaillait pour le même atelier et elles cousaient ce jour-là des manteaux. Fanny avait décidé de passer la nuit chez nous.

Je me souviens parfaitement de cette date car le lendemain, à sept heures du matin, la police sonnait à notre porte.

Je ne savais pas, à ce moment-là, que la police avait encerclé tout le pâté de maisons et procédait à une rafle de juifs. Toute sonnerie imprévue déclenchait automatiquement l'alerte chez nous. Il y avait un renfoncement derrière la porte de notre appartement ; je m'y suis caché et Isabel est allée ouvrir. Deux gendarmes étaient devant la porte. Pendant que ma femme les faisait rentrer dans la pièce, je me suis faufilé en silence dans le couloir, toujours en chemise, et j'ai descendu à toute vitesse l'escalier. Au premier étage, j'ai failli renverser notre boulangère – sa boutique était dans l'immeuble –, une femme qui n'était pas des plus fiables. Elle était originaire d'Alsace et on disait d'elle qu'elle était main dans la main avec les Allemands. Elle m'a barré le chemin, les bras écartés.

« Monsieur Pavlásek, surtout ne descendez pas ! » Elle pensait chuchoter mais on devait l'entendre jusqu'au grenier. « Ça grouille de policiers dans la rue. Allez en haut, il y aura sans doute quelqu'un chez monsieur Raczyński. Ils ne vous chercheront certainement pas là-bas. Vite ! Vite ! Que personne ne vous voie ! »

J'ai réfléchi fiévreusement un instant. Je ne lui faisais pas beaucoup confiance, mais il semblait évident que je ne pouvais pas descendre. Raczyński était un Polonais installé en France, nous avions de bons rapports de voisinage. J'ai donc foncé au quatrième. C'est leur fillette de dix ans qui m'a ouvert.

« Papa et maman ne sont pas à la maison.

— Ça ne fait rien, tais-toi ! Et laisse-moi entrer s'il te plaît. »

Je suis vite rentré dans la chambre en regardant autour de moi. Je n'ai pas eu de meilleure idée que de me cacher sous le lit.

« S'ils te le demandent, dis que tu n'as vu personne. »

J'ai dû complètement perdre mes nerfs à ce moment-là, car tout cela était bête et inutile. Ou bien ils ne venaient pas et j'étais sauvé, ou bien ils venaient et ils me traînaient dehors. En plus, la fillette pouvait recevoir une belle paire de gifles. Enfin, même les francs-tireurs n'étaient pas toujours des chevaliers sans peur et sans reproches...

Je m'étais donc glissé sous le lit comme un petit garçon et j'attendais mon destin. Ce n'était évidemment pas un jeu, et si ça l'était, alors on y jouait sa vie.

Au bout de quelques minutes, on a sonné à la porte.

« Tu es seule à la maison ?

— Oui monsieur.

— Tu n'as pas vu un monsieur ? Plutôt grand, avec des cheveux frisés.

— Non monsieur, personne n'est venu, a répondu courageusement la petite.

— Tu ne mens pas ?

— Non, je ne mens pas.

— Bien, on va vérifier, attends ! »

Évidemment, la deuxième alternative s'est produite. Ça ne pouvait pas se passer autrement.

Quand ils m'ont fait sortir, un pistolet braqué sur moi, j'ai eu au moins l'amère satisfaction de voir qu'ils laissaient la petite tranquille. La pauvrette était debout près de la porte, toute rouge avec des larmes qui coulaient sur ses joues.

Nous avons descendu l'escalier vers mon appartement. Ma belle-sœur était déjà partie. Ils m'ont permis de revêtir un manteau et de prendre quelques affaires essentielles dans une petite valise. J'ai fait attention, cette fois-ci, de n'avoir qu'un seul document dans ma poche. Je ne pouvais pas dire au revoir à Isabel et aux enfants ; je n'étais après tout qu'un simple sous locataire.

On m'a emmené au commissariat de police près de l'Hôtel de Ville. L'inspecteur de service ne m'a pratiquement pas regardé et a désigné une grande pièce fermée par des barreaux. On aurait dit une cage.

« Mettez-le avec les autres. »

Une vingtaine de personnes y étaient déjà, hommes et femmes. J'y ai aperçu Fanny. (Quand elle est revenue d'Auschwitz en 1945, je n'ai pas pu la reconnaître. Mon frère l'appelait jadis Petit Oiseau, et c'était vraiment ce à quoi elle ressemblait alors... Durant le reste de la guerre, de bonnes personnes se sont occupées des enfants.)

J'ai décidé de jouer mon va-tout et j'ai demandé :

« Pourquoi là-bas ? »

L'inspecteur a levé les yeux, étonné. Il m'a regardé et a ironiquement secoué la tête.

« Pourquoi ? Parce que vous êtes juif, cher monsieur.

— Je ne suis pas juif. Voilà mes papiers. Ça doit être une erreur. Je proteste !

— Ben voyons, monsieur proteste ! Il n'est pas juif, on a dû faire une erreur, n'est-ce pas ? »

Il a regardé d'un air méfiant mes papiers.

« Monsieur Eugène Pavlásek, Slovaque, hum, c'est louche... Bien, je vais faire établir votre véritable identité par la préfecture. Emmenez-le ! »

J'avais gagné le premier round.

Ils m'ont mis les menottes et m'ont emmené sur l'île de la Cité, où se situe le bâtiment imposant de la préfecture de Police de Paris, boulevard du Palais. J'ai réfléchi à ma déposition pendant le trajet. Je ne pouvais pas prouver l'authenticité de ma pièce d'identité. Il me manquait des éléments pour cela. Le document suffisait pour un simple contrôle d'identité, mais il ne tiendrait pas le coup face à un examen minutieux lors de l'interrogatoire à la préfecture. Je pouvais admettre que le document était un faux, mais je devais absolument continuer à affirmer que c'était ma véritable identité. Avouer une origine juive, c'était de nouveau Drancy, la déportation, la mort.

Je n'ai pas eu l'occasion de fournir de longues explications. Ils ne m'ont enlevé les menottes que pour m'enfermer dans une pièce où étaient disposées plusieurs chaises. Dans un coin, un homme recroquevillé sur l'une d'elles se tenait le visage dans les mains. Autrement, il n'y avait là que deux policiers. Le plus jeune était de taille moyenne, le plus vieux était plus grand et portait une moustache. C'est le senior qui s'est occupé de moi.

Il m'a giflé tellement fort que je ne voyais plus que du noir. Un deuxième coup dans les dents, le troisième dans l'estomac.

« Alors, t'es juif ou pas ? »

Je suis resté un moment le souffle coupé. Je saignais du nez et de la bouche.

« Tu m'entends ? » a hurlé le moustachu.

Je voyais sur le visage du second gardien que celui-ci n'appréciait pas beaucoup la scène. Je me suis ressaisi :

« Je ne suis pas juif !

— Écoute mon petit gars, on saura s'y prendre avec toi ! »

Un autre coup.

« Regarde là-bas, ce gars ratatiné ! » et il m'a montré l'homme dans le coin. Celui-ci a levé la tête d'un air effrayé.

« Lui aussi niait. Mais une gifle a suffi et il a tout de suite avoué, pas vrai ? »

Le gars a bredouillé quelque chose en signe d'assentiment.

« Toi tu en auras peut-être besoin de plus, mon p'tit gars, mais tu avoueras aussi ! »

Et il a préparé le coup suivant.

La douleur et l'humiliation ont réveillé chez moi rage et témérité. J'ai fait un saut de côté et saisi une chaise.

« Je ne vais pas avouer, je n'ai rien à avouer. Je ne suis pas juif et si vous me touchez encore, je vous fracasse la tête avec ça ! » et pour donner du poids à mes mots, j'ai fait virevolter la chaise.

Je pense qu'ils n'avaient pas encore vu ça à la préfecture. Mon adversaire (maintenant pour de bon) est resté interdit, effaré. Il n'osait probablement pas continuer dans le même style. Le policier plus jeune se tenait à l'écart et s'il avait également porté une moustache, il aurait certainement ri sous cape.

Le plus vieux réfléchissait. Mon geste avait fait son effet. Peut-être que je n'étais pas juif, et que dans ce cas il avait outrepassé ses droits, et ce, de plus, devant témoins. On n'avait pas le droit de frapper des gens « normaux » ainsi, même sous l'occupation...

« Attends ici avec lui, je vais chercher le commissaire », a-t-il dit à son collègue. Il m'a lancé un regard furieux et il est sorti.

Je me suis assis sur la chaise avec laquelle je défendais mon honneur quelques instants auparavant et j'ai essuyé le sang qui dégoulinait sur mon visage avant de chercher des cigarettes dans mes poches. Mon gardien s'est approché de moi en silence, m'a offert une Gauloise qu'il m'a allumée. Je l'ai remercié par un sourire, ou tout au moins j'ai essayé.

Au bout de quelques minutes, le policier plus âgé est revenu et m'a emmené auprès du commissaire. Il était habillé en civil, assis derrière son bureau. Il essayait d'avoir l'air d'un commissaire de police.

« Êtes-vous juif ? »

Ils recevaient certainement une prime pour chaque juif appréhendé.

« Non, ai-je répondu tranquillement.

— Où travaillez-vous ? »

Avec mes papiers, je ne pouvais pas occuper un poste stable.

« Ça dépend des occasions. Je porte des valises à la gare, de temps en temps, j'aide sur les marchés. Ça paye assez bien. J'aide aussi Mme Ickovič et elle me fait à manger.

— Comment se fait-il que vous habitiez chez elle ?

— Je suis sous-locataire. Son mari juif a été déporté. Elle est seule avec deux enfants, elle a besoin d'aide.

— Vous avez une relation avec elle ?

— Non mais, vous permettez ! ai-je répondu d'un air offensé. Et même si c'était le cas, c'est mon affaire privée ! »

Je commençais à mieux comprendre ce que voulait vraiment dire le mot « schizophrène ».

« Pourquoi n'avez-vous pas un emploi normal ? » Le commissaire passait à un domaine moins délicat. Pour lui.

« Mes papiers ne sont pas en règle.

— Ça, je le vois bien. Au fait, comment êtes-vous arrivé en France ? »

Je me souvenais des aventures de mes anciens compagnons à Agde ou à La Nouvelle. Je les compilais maintenant pour réinventer ma propre histoire.

« Je me suis enfui en 1939 de mon pays, je suis passé en Hongrie puis en Yougoslavie et, de là, à

Marseille. Je me suis engagé dans l'armée tchécoslovaque à l'étranger et j'ai été démobilisé après la défaite de 1940. Mais la police française n'a pas voulu m'établir une carte d'identité au vu de mon certificat de démobilisation. J'avais en effet perdu tous mes autres documents lors de la retraite du front. J'ai écrit plusieurs fois à la maison pour demander l'envoi de copies mais je n'ai reçu aucune réponse. Je ne voulais pas me présenter de nouveau devant la police, j'avais peur, et c'est ainsi que je vis depuis, comme je peux. »

Le commissaire m'a écouté sans m'interrompre. Il a repris mes papiers et les a examinés de nouveau.

« Donc vous affirmez que votre vrai nom est Eugène Pavlásek.

— Oui, je m'appelle Pavlásek.

— Comment vous êtes-vous procuré ces papiers ? »

Maintenant il fallait sortir une autre histoire. Elle était déjà prête.

« J'étais assis sur un banc au jardin du Luxembourg et à côté de moi il y avait des Hongrois qui parlaient de papiers d'identité. Je comprends le hongrois et je les écoutais. Je leur ai demandé ensuite s'ils ne pouvaient pas me procurer également un document. Ils voulaient une avance de cinq cents francs. J'ai risqué le coup et donné mes informations. Ils m'ont apporté ce papier à l'endroit convenu vingt-quatre heures après. Ils avaient avec eux un encreur et ils ont pris l'empreinte de mon pouce, dans un passage. Je leur ai donné ensuite cinq cents francs et je ne les ai jamais revus. »

Le commissaire hochait de la tête.

« C'est bien trouvé tout ça, il faut l'admettre. Et donc vous n'êtes pas juif ? »

C'était fatigant à la fin, de devoir répondre toujours la même chose.

« Non, je ne suis pas juif, combien de fois faut-il le répéter ?

— Bien, on va s'en assurer. »

Il a appelé le sergent.

« Emmenez M. Pavlásek à l'hôpital à côté et demandez qu'un médecin vous confirme par écrit qu'il n'est pas circoncis. »

Mon humeur s'est instantanément assombrie. Il aurait fallu que je ne naisse pas en Ruthénie subcarpathique, dans un milieu juif orthodoxe pour que, il y a trente-deux ans, le rabbin Moshe Jicchak ne pratique pas sur moi cette intervention simple, presque rituelle. Auparavant on y recourait, paraît-il, pour des raisons de santé, mais là, je ne me sentais pas bien.

Deux policiers m'ont emmené à l'Hôtel-Dieu, grand centre hospitalier. Les hôpitaux m'ont toujours déprimé.

La scène qui allait suivre est certainement digne de la plume d'un Jaroslav Hašek[1], si ce n'est qu'une vie en dépendait…

Accompagné de deux hommes armés en uniforme j'ai comparu devant un médecin. C'était un homme jeune, mince et grand, avec des lunettes. Il a lu le message que lui tendait l'un des deux policiers et m'a jeté un regard inquisiteur. Moi, je me tenais droit et j'essayais d'avoir un air innocent et ingénu.

« Déshabillez-vous ! » m'a dit le docteur en ôtant ses lunettes et en s'asseyant dans un fauteuil devant moi. J'ai baissé pantalon et slip et me suis mis au garde-à-vous. Les policiers et le médecin observaient maintenant la partie incriminée de mon anatomie. Chacun sous un angle différent, mais avec un égal intérêt.

Je ne suis pas tout à fait sûr aujourd'hui que les deux policiers savaient ce que le mot

1. Jaroslav Hašek (Prague, 1883 - Lipnice nad Sázavou, 1923) est un romancier tchécoslovaque connu pour *Les Aventures du brave soldat Svejk*, un cycle romanesque satirique qui met en scène un soldat tchèque pendant la Première Guerre mondiale.

« circoncision » voulait dire. Mais le médecin le savait avec certitude car il s'est levé en proclamant résolument : « Il n'est pas circoncis ! » et a confirmé sur-le-champ sa déclaration en remplissant la case du document officiel, en le tamponnant et en le signant. À ce moment-là, le pauvre rabbin Moshe Jicchak a dû se retourner dans sa tombe. En revanche, les deux policiers ont pris le papier, ont salué pendant que je me rhabillais et que je remerciais chaleureusement le médecin. Il m'a souri : « Il n'y a pas de quoi, c'est normal... »

Il y avait de quoi.

J'avais gagné le deuxième round.

Le tribunal

J'ai été correctement traité après mon retour à la préfecture. Je n'étais plus un sale juif, mais un simple criminel qui avait de faux papiers. J'étais concerné par les règlements officiels maintenant.

J'ai passé quelques heures en garde à vue, dans cellule où il y avait ce jour-là une vingtaine de personnes. Trois garçons avaient les doigts dans des bandages ensanglantés, ils avaient été interrogés au sujet d'un sabotage.

Le soir, j'ai été emmené à la bien nommée prison de la Santé. Je partageais ma cellule avec deux voleurs parisiens. Des gars tout à fait sympathiques.

J'attendais l'audience du tribunal. Après environ trois jours, on m'a annoncé une visite. Un homme inconnu m'attendait au parloir. Soigneusement vêtu, mince, la quarantaine avec des cheveux châtains. Il s'est présenté comme mon avocat, commis pour me défendre.

« Vous pouvez me faire confiance, ce sont vos amis qui m'envoient. Dites-moi, je vous en prie, toute la vérité. »

Amis, ennemis, je ne pouvais vérifier ses dires. Je lui ai raconté exactement la même chose qu'au commissaire enquêteur. Mes papiers sont faux, mon nom est authentique.

« Pour faux et usage de faux la peine peut aller de cinq à dix ans. Ce n'est pas rien, monsieur Pavlásek.

— Et même si c'est vingt ans, Maître, peu importe. La guerre ne va pas durer aussi longtemps. Il suffit qu'on ne me remette pas aux Allemands, ici je tiendrais le coup.

— Ça, je ne peux pas vous le garantir, mais croyez-moi, je vous défendrai de toutes mes forces. Allez, redressez la tête mon ami ! »

Je gardais la tête droite mais, tant que j'étais en prison, le danger d'être remis aux mains des Allemands demeurait.

Le procès a débuté le vendredi 17 décembre. On m'avait laissé mes habits de détenu mais j'avais eu le droit de me raser et de me laver convenablement. On m'a menotté et installé dans un panier à salade vert avec cinq autres délinquants et on nous a conduits au tribunal. Je ne me souviens pas du trajet.

Ils nous ont amenés devant une porte sur laquelle était inscrit : « Dixième chambre correctionnelle ».

La cour jugeait des délits pénaux. Chaque audience durait moins d'une demi-heure. Les condamnés – pour marché noir, vol ou autres délits – recevaient des peines allant pour la plupart de 13 à 18 mois d'emprisonnement, parfois moins. Deux d'entre eux ont été condamnés à trois ans.

On m'a appelé vers midi. Quatre personnes étaient assises derrière une table. Le président – un vieux monsieur grisonnant avec une barbiche à la Masaryk – portait une toge. Par ailleurs, il n'y avait que mon avocat et deux policiers dans la salle. Les débats commencèrent de manière habituelle. Nom, prénom, nationalité…

« Vous êtes accusé de fabrication et d'usage de faux documents d'identités. Est-ce que vous reconnaissez les faits ? »

(Le président a cité des paragraphes et autres formules de droit…)

« Oui, je les reconnais.

— Nous allons donc procéder à l'interrogatoire. Ne dites que la vérité, tout mensonge ou toute omission seront considérés par la cour comme une circonstance aggravante.

— Je comprends, je vais dire la vérité comme je l'ai déjà fait devant M. le commissaire. Je ne veux rien cacher.

— Nous avons votre déposition. »

Le président a fait passer quelques feuillets aux autres membres de la cour.

« Pouvez-vous la répéter à la cour ? »

J'avais bien mémorisé mes tribulations et mon histoire de fuite loin de mon pays et je l'enrichissais de quelques détails intéressants. Tout cela paraissait très vraisemblable. J'ai remarqué que pendant que je parlais, le président s'adressait plusieurs fois à ses collègues en faisant observer « volontaire tchécoslovaque ! » et en hochant la tête, approbateur. (Plus tard j'ai appris par des amis qu'avant la guerre il avait exercé plusieurs années en Tchécoslovaquie.)

J'avais terminé mon récit. Le juge s'est caressé la barbiche, puis s'est adressé à moi.

« Vous avez dit la vérité ?

— Oui monsieur le président, rien que la vérité.

— Racontez maintenant à la cour comment vous êtes entré en possession de ces faux papiers. »

J'ai répété mon histoire du jardin du Luxembourg.

« Pourquoi aviez-vous peur d'aller à la police pour demander des documents officiels ?

— Je n'avais aucun justificatif me permettant d'établir mon identité. Comme j'avais essuyé un premier refus, j'avais peur qu'on m'envoie la seconde fois dans un camp d'internement. »

Le juge a tapoté de façon significative sur les feuilles étalées devant lui. « C'est la première affaire où quelqu'un a son vrai nom sur de faux papiers, messieurs. Remarquable !

— Pourquoi ne pas avoir demandé à ces Hongrois de vous établir ce document sous un faux nom ? m'a demandé un gros monsieur assis derrière le bureau. Cela ne vous aurait-il pas facilité les choses ? »

Le piège était transparent. Tu ne m'auras pas ainsi, mon petit gars.

« Je ne voulais pas risquer deux délits à la fois, ai-je répondu avec une évidence tranquille. Un faux document avec un faux nom en plus. Je n'avais aucune raison de me cacher. »

Le juge a continué à hocher la tête. La situation n'était peut-être pas désespérée.

« Quelqu'un a-t-il encore une question à poser à l'accusé ? »

Personne ne s'est manifesté.

« Monsieur l'avocat veut-il ajouter quelque chose pour défendre son client ?

— Non, monsieur le président, je vous ai remis mes conclusions par écrit.

— Oui, bien sûr. » Il s'est tourné vers moi.

« Voulez-vous ajouter quelque chose à votre déposition ?

— Non monsieur le président.

— La séance est donc levée, la cour se retire pour délibérer. »

Je suis resté dans la salle avec mon avocat.

« Ce n'était pas mal, monsieur Pavlásek ! En tout cas vous avez fait bonne impression auprès du président. Je pense que la peine va être le minimum prévu. »

La cour est revenue après quelques minutes. Je me suis levé.

« Écoutez la sentence ! »

Le président s'est saisi de feuillets et a commencé à lire. D'abord les paragraphes, les articles de droit, les justificatifs.

« ... la cour déclare M. Pavlásek, né le 12 janvier 1911 à Ružomberok en Slovaquie et résident à Paris, rue François-Miron dans le quatrième arrondissement, coupable des faits reprochés. Elle le condamne à quinze jours de prison ferme. La durée de détention préventive est comprise dans la peine. »

Mes jambes m'ont lâché. Je n'en croyais pas mes oreilles. Cela voulait dire que le lendemain je serais libre ! C'était incroyable !

Avant que je ne quitte la salle, le président s'est approché de moi et m'a dit :

« Je suppose que vous allez maintenant vous trouver un travail convenable, pour vivre normalement.

— Je voudrais bien, monsieur le président, mais je n'ai pas de papiers...

— Les autorités vous en délivreront, au vu du verdict. Je vous souhaite bonne chance, monsieur. »

Je ne sais pas si j'ai été capable de répondre. Je suis sorti chancelant de la salle, comme dans un rêve. Je n'arrivais toujours pas à y croire. Mon avocat m'a rattrapé dans le couloir.

« Vous avez une chance incroyable, monsieur Pavlásek, a-t-il crié tout excité. Je peux vous assurer que vous êtes un cas entre mille pareils ! Je vous félicite ! Je ne m'attendais vraiment pas à ça ! »

Moi non plus. Il m'a mis dans la main un paquet avec de la nourriture et des cigarettes. Je l'ai remercié. C'était peut-être un peu grâce à lui, aussi.

Les policiers étaient également prévenants. Ils m'ont ramené dans ma cellule, mais sans me menotter ; ça devait leur sembler inutile.

Le lendemain matin, on m'a remis au dépôt mes affaires personnelles : mes vêtements civils et la mallette contenant mon linge. Ensuite, j'ai été emmené à la préfecture. Nous étions environ cinquante dans la salle d'attente. Les personnes étaient appelées individuellement vers les différentes portes mais personne n'en revenait.

Je recommençais à douter. Et si tout cela n'était qu'une tromperie ? Du théâtre, une comédie abominable avec toge et paragraphes. Et d'ailleurs, tribunal et lois sous les Allemands… Au lieu de « libération » ils allaient me jeter maintenant dans la gueule des nazis. Tu es juif, travailleur illégal, terroriste. Tu ne mérites rien d'autre qu'une balle dans la nuque.

À midi, on nous a apporté un repas tout à fait correct, mais je n'avais plus du tout envie de manger. Nous étions encore une vingtaine dans la salle.

Vers trois heures on m'a appelé. Je me suis levé, à la grâce de Dieu. Je me rappelle que c'était la porte 254.

Derrière un bureau était assis un préposé.

« Qu'est-ce qu'on fait avec vous, mon gars ? a-t-il demandé d'un air maussade.

— Qu'est-ce qu'on fait avec moi ? J'ai été condamné à quinze jours de prison, que j'ai purgés. Je demande à être remis en liberté !

— En liberté, en liberté, a marmonné le fonctionnaire, bougon. Ça, tout le monde pourrait le dire. »

Il a feuilleté mon dossier.

« Bon d'accord, vous avez vos papiers ?

— Non...

— Je ne peux pas vous relâcher sans pièce d'identité. Je regrette.

— On me l'a confisquée, c'était un faux. C'est à cause de ça que j'ai été condamné. Le juge a dit que vous alliez m'en délivrer une nouvelle, officielle...

— Hum, officielle. Vous avez une photo sur vous ?

— Non.

— Alors je ne peux rien vous délivrer, sans photo c'est impossible.

— Je pourrais m'en faire faire une et vous l'apporter, ai-je proposé timidement. Vous pourriez m'établir entre-temps un laissez-passer ?

— Un laissez-passer ! s'est énervé le préposé. Vous pensez être dans un pigeonnier, monsieur ?

Vous êtes à la préfecture de Police, vous comprenez ! »

Je comprenais, mais je n'allais quand même pas m'incliner face à cet exemple de mesquinerie bureaucratique. Il me fallait encore surmonter ce dernier obstacle. D'une façon ou d'une autre, j'ai réussi à l'apaiser et il m'a vraiment délivré un laissez-passer de quarante-huit heures.

Je suis sorti en courant dans la rue. Il faisait très froid et il y avait du vent. Je ne portais qu'un pardessus léger. Je suis descendu dans le métro le plus proche, j'ai pris plusieurs correspondances, jusqu'à ce que je sois sûr de ne pas être pas suivi. Je suis ensuite allé à Charenton voir Hromádko. Je voulais lui demander conseil sur ce que je devais faire.

« Tu serais fou de refuser un document officiel qu'ils sont prêts à te délivrer, m'a-t-il dit après avoir écouté mon résumé de la situation.

— Et ce n'est pas risqué d'y retourner ?

— C'est plus risqué de vivre avec de faux papiers. »

Je suis donc allé faire une photo express chez un photographe avant de retourner à la préfecture, avec quand même la peur au ventre.

« Eh bien, vous voyez que c'est faisable, m'a accueilli bien plus aimablement le fonctionnaire de la porte 254. Asseyez-vous en attendant. »

Au bout de quelques minutes, j'avais en main un document officiel établi à un nom non officiel. Avec empreinte de pouce, cachet et signature.

J'avais gagné le troisième round. Si ç'avait été sur un ring, j'aurais pu dire par K-O.

Sixième partie

L'Arc de Triomphe

Inge

Je n'ai pas trouvé Isabel rue François-Miron, elle avait déménagé entre-temps. Je n'avais aucune crainte la concernant. Je savais qu'elle était en liberté car elle m'envoyait des paquets en prison, sous un faux nom. J'ai appris par une connaissance qu'elle habitait maintenant Argenteuil, où vivait une importante colonie slovaque. Elle avait loué une chambre chez une famille. Isabel ne savait évidemment pas que j'avais été libéré. J'ai demandé à notre connaissance de me conduire auprès d'elle. Je voulais lui faire une surprise en venant. Mais je ne peux pas dire que ce fut une réussite. Plus précisément, j'ai réussi à la surprendre, mais pas comme je l'avais imaginé ; son accueil fut assez réservé…

J'avais déjà remarqué précédemment une gêne chez Otakar Hromádko mais je l'avais attribuée à ma visite surprise. Je ne comprenais que maintenant que j'étais suspect. Mes amis et ma propre femme ne me faisaient pas confiance. L'honneur d'un résistant était au-dessus des liens familiaux. « N'as-tu pas trahi ? Comment ont-ils pu te relâcher aussi vite ? La première fois tu as pu t'évader, mais maintenant… Ne serait-ce pas un leurre, pour nous piéger ? »

Ma victoire en trois rounds avait donc aussi son côté négatif.

J'ai raconté à Isabel toute mon histoire, décrit les interrogatoires, la scène chez le médecin, mes dépositions et le déroulement de la session du tribunal. J'ai réussi à la rassurer tant bien que mal, mais elle restait inquiète et l'ombre d'une suspicion demeurait en elle. Mes amis continuaient à me rendre visite, mais ne se confiaient pas à moi, ne me confiaient aucune tâche. J'étais pour le moment tenu à distance.

Nous avons déménagé à Gennevilliers où nous avons loué un deux-pièces. Gennevilliers est un port de Paris, où est installé un point de transbordement des bateaux assurant le transport de marchandises vers et depuis Le Havre. J'ai bien sûr cherché du travail, mon document vert me facilitant la tâche. Nous étions pour le moment sans revenus car Isabel avait quitté son atelier de confection. Rudolf Bukáček travaillait alors dans une scierie près du port. Il est intervenu pour qu'on me donne du travail dans leur entrepôt de bois.

J'avais maintenant du temps pour m'occuper de ma famille. Consuelo était dans son âge le plus adorable. Elle s'occupait de Régine qui se saisissait de tout ce qu'elle pouvait atteindre en l'aidant parfois à attraper les objets inaccessibles.

La situation dans laquelle je me trouvais me chagrinait beaucoup. Même si mes amis ne me disaient jamais pourquoi j'étais tenu à distance, et que je ne le demandais jamais, je comprenais leur point de vue. J'aurais agi de la même façon à leur place. J'étais néanmoins déprimé de devoir rester assis, les mains sur les genoux, au moment où se déclenchait la vraie bataille de France. C'était le printemps 1944, les maquis se préparaient pour le débarquement qui aurait sûrement lieu cette année.

Un jour à la mi-avril, Hromádko est venu nous voir. Ses yeux intelligents brillaient dans son visage menu. Je lui ai proposé de s'asseoir, il a refusé.

« Eugène, je t'apporte une nouvelle qui va certainement te réjouir », a-t-il débuté d'un ton un peu solennel. Tous mes amis m'appelaient désormais Eugène pour des raisons de sécurité.

« Nous avons obtenu le procès-verbal de tes dépositions, ainsi que la transcription de la session du tribunal. Je peux t'annoncer que tout est en règle. Tu as de nouveau l'entière confiance de la direction internationale et de toute notre organisation. Je te félicite ! »

Otakar s'est approché de moi et m'a embrassé. Je dois avouer qu'à ce moment j'avais les larmes aux yeux. Isabel avait aussi un regard brillant.

Nous nous sommes assis seulement à ce moment-là. J'ai ouvert une bouteille de beaujolais.

« À votre santé ! Et à la fin heureuse de mon aventure à la Santé. »

*

* *

Je n'ai pas besoin de m'étendre sur le fait que de nouvelles propositions de participations à la Résistance me sont parvenues, ni sur mes réponses à celles-ci.

« Viens en ville demain ! m'a dit Otakar lors de l'une de ses visites suivantes. À dix heures, au coin des rues Condorcet et Rodier. Dans le neuvième, près de Pigalle. Tu connais là-bas ? »

J'ai acquiescé.

« Je trouverai.

— Il y a une horloge au coin. En bas de l'immeuble, il y a un tabac et une sorte d'épicerie. Tu trouveras facilement. Un Russe t'abordera, environ trente-cinq ans, brun, plutôt fort. Il te demandera du feu. Il te dira de quoi ils ont besoin, tu régleras ça directement avec lui. Il est membre de la direction internationale. »

La rencontre s'est déroulée comme prévu. Mon nouveau compagnon, ou plutôt supérieur, était le fils d'un Russe blanc qui avait fui la révolution en France. Il avait rejoint la Résistance à l'arrivée des Allemands. Je n'ai rien appris de plus, il n'avait d'ailleurs aucune raison de me raconter sa biographie. Il avait la confiance de la direction et cela me suffisait.

En revanche, lui a multiplié les questions : qui j'étais, où et avec qui j'avais travaillé, quelle était mon expérience.

« Tu parles russe ?

— Bien sûr, ne suis-je pas un ours de Ruthénie ? » Jusqu'à maintenant, nous parlions français.

« *Kharasho.* » Il est passé à sa langue maternelle et m'a testé en échangeant plusieurs phrases. L'examen s'est terminé convenablement.

« On a quelque chose pour toi, où tu pourrais utiliser ton russe. Viens dans dix jours, on est mardi donc vendredi de la semaine prochaine, au même endroit et à la même heure qu'aujourd'hui. Je connaîtrai alors les détails. »

Le jour fixé, j'ai pris connaissance de ma nouvelle mission. Je partirais à Nancy, dans l'est de la France, où une adresse m'était indiquée. Dans les environs de Nancy, il y avait des camps d'entraînement de l'Armée de libération russe (qu'on appellerait plus tard « les Vlassov »). Il y avait, parmi eux, de nombreuses personnes correctes, qui avaient été séduites par de beaux discours et qui commençaient à regretter leur engagement. Il était possible de les convaincre de déserter et de les recruter pour la lutte dans les maquis. Ce serait ma mission : entrer en contact avec des individus, diffuser la propagande antiallemande avec leur aide et attirer les soldats du côté de la Résistance.

C'était tout nouveau pour moi. Il s'agissait plutôt d'une affaire diplomatique. Bah, dans ce domaine aussi j'y arriverais sans doute.

J'ai pris le train pour Nancy un matin de mai. J'avais de nouveau en poche un faux document au nom d'Imre Szekei. En effet, j'avais dû quitter mon travail sans préavis. Pendant la guerre, la réglementation française était compliquée à ce sujet, je n'avais pas eu le temps de m'y soumettre. Pavlásek était à nouveau considéré comme un saboteur, une personne instable probablement recherchée. Sa place devait donc être reprise par l'irréprochable Szekei. La direction m'avait assuré de son aide financière pour Isabel et les filles, je n'avais pas à m'en faire à ce sujet.

Pendant le trajet, je me répétais l'adresse où je devais me présenter à Nancy. Mon supérieur russe m'avait assuré qu'il allait annoncer ma venue à temps, mais, par précaution, nous avions aussi un mot de passe : « N'avez-vous pas besoin de réparer le poêle ? »

Je suis arrivé vers midi. Sans même visiter la célèbre place Stanislas, je suis allé directement à l'adresse convenue. Je ne me souviens plus du nom de la rue, c'était près de la gare et il y avait une belle église gothique.

Mes hôtes m'attendaient déjà. Leur poêle fonctionnait bien et ils ont tout de suite servi le repas. C'était une famille ouvrière française typique, le mari travaillait dans les mines voisines.

Ce même soir, un résistant est venu me trouver. Je crois que son pseudonyme était Fernand et, comme je suis chanceux avec les Roumains, il était originaire cette fois-ci de Bucarest même. Il avait également combattu dans les brigades en Espagne. Nous n'avions pas besoin de longues explications pour nous comprendre.

« Demain matin, Inge viendra te chercher. Elle est allemande, ses parents viennent de Poznan. Tu l'accompagneras à Longuyon où se trouve le plus grand camp d'entraînement russe. Inge te mettra au courant des détails sur place. Mais donne de tes nouvelles toutes les trois semaines environ. Tu me retrouveras ici chez les Reynaud. »

Le matin, une et belle jeune femme brune a sonné. J'ai regretté un instant que ce soit la guerre et que nous ayons d'autres préoccupations.

« Douze heures sonnèrent... »

Longuyon est une petite ville à environ cent kilomètres au nord de Nancy. Elle est située près de la frontière belge et je n'aurais pas été étonné d'apprendre que c'est dans cette région que nous nous étions évadés d'un convoi de la mort, au mois de juillet précédent. Nous avions alors dû prendre un train pour Paris non loin de là.

J'étais logé chez une famille française et je commençais à me familiariser avec mon environnement. Inge m'a surtout montré le camp d'entraînement des soldats russes. Ce grand camp de baraquements était situé en dehors de la ville. Il était entouré de barbelés et surveillé par des patrouilles. Les Russes portaient des uniformes allemands avec un insigne sur la manche gauche portant le nom de leur unité d'origine.

Je ne voulais évidemment pas pénétrer dans le camp mais je cherchais à savoir si les Russes se déplaçaient librement aux alentours. Inge m'avait informé qu'ils partaient parfois en petits groupes en mission pour surveiller des trains, des ponts et des sites industriels. Elle ignorait cependant s'ils se déplaçaient seuls ou s'ils étaient accompagnés par des Allemands.

Après quelques jours d'observation, j'ai constaté que les Allemands ne s'occupaient que de l'instruction des soldats russes : les gardes étaient assurées par les Russes eux-mêmes. Comme ils ne disposaient pas de véhicules motorisés, ils partaient en patrouille en train. C'étaient pour moi des circonstances favorables. J'avais également étudié leurs horaires de train et, un jour du début du mois de juin, j'ai décidé de passer à l'action.

J'ai choisi un compartiment occupé uniquement par trois Russes. Je les observais discrètement. Ils étaient jeunes et probablement originaires des environs de Krasnodar, du moins leur insigne indiquait que c'étaient des cosaques du Kouban.

Deux Russes sont descendus après quelques arrêts. Je suis resté seul avec le troisième. De petite taille, replet, il avait un visage rond et inexpressif. Il tenait son fusil entre les genoux.

« Tu fumes ? » lui ai-je demandé en russe en lui tendant une cigarette.

Il m'a regardé, étonné, mais l'a acceptée.

« *Spassibo.* »

J'ai allumé sa cigarette puis la mienne. Le premier contact était établi.

« Tu te plais ici ? »

Il a haussé les épaules.

« Ça va. »

Il ne devait pas me faire confiance, ce qui ne m'étonnait pas. Il fallait que j'aille vite au fait, il pouvait descendre à l'arrêt suivant.

« Vous ne devez pas vous sentir très bien dans cet uniforme, hein ? »

C'était direct, mais ce que je risquais de plus grave c'était qu'il se lève et qu'il disparaisse. Dans le pire des cas, j'étais prêt à disparaître moi-même.

Le garçon a regardé apeuré autour de lui et n'a pas répondu. Mais il est resté assis.

J'ai continué mon offensive : « C'est quand même un uniforme ennemi. C'est dans de tels uniformes qu'ils attaquent et massacrent les vôtres et les nôtres aussi ! »

Le petit soldat se taisait et fixait le sol.

Je l'ai tranquillisé : « N'aie pas peur de moi. Je suis un homme ordinaire, un Français, un patriote. Les Russes et les Français sont maintenant amis. Ils combattent ensemble le même ennemi. »

Je sentais que je gagnais du terrain.

« J'ai quelque chose pour toi. »

Lorsque nous étions encore à Nancy, Fernand m'avait donné un tract ronéoté avec un appel de Staline aux soldats des unités russes sous commandement allemand. Staline s'y adressait à tous ceux qui, pour une raison ou une autre, s'étaient vendus à l'ennemi. Il leur disait qu'ils pouvaient racheter leur trahison en retournant leurs armes contre les Allemands et leurs collaborateurs. S'ils rejoignaient maintenant le camp des Alliés, ils pourraient, après la guerre, recommencer une nouvelle vie aux côtés du peuple soviétique.

« Notre victoire approche inexorablement, l'Allemagne hitlérienne se débat dans des convulsions mortelles. Frères, profitez de cette occasion tant qu'il est encore temps. Mort aux occupants allemands ! » C'est à peu près ainsi que se terminait le texte.

Je n'avais aucun doute sur la sincérité des paroles de Staline.

Quand j'ai parlé du tract à mon compagnon, ses yeux ont étincelé. Deux personnes sont alors rentrées dans le compartiment.

Je lui ai murmuré : « Rejoins-moi aux toilettes, je te le donnerai là-bas. »

Nous nous sommes mis d'accord sur une autre rencontre. Le lendemain à dix heures au restaurant de la gare.

*
* *

Inge m'a fait des compliments. Ils étaient particulièrement agréables venant d'elle.

« Nous allons y aller ensemble, a-t-elle proposé. Je t'aiderai à vérifier que c'est sûr. Il pourrait l'avoir ébruité quelque part et te monter un piège. »

Le lendemain matin, Inge regardait les vitrines près de la gare et de temps en temps jetait un coup d'œil impatient à sa montre, faisant semblant d'attendre l'arrivée de quelqu'un par le train. Moi je traînais un peu plus loin sur le trottoir. La rue était fréquentée, on ne nous remarquait pas. Je mettrais mon béret dès que j'apercevrais mon « Russe ».

Il est arrivé peu de temps après l'heure convenue, vêtue de son uniforme de sortie. Il s'est aussi arrêté devant les vitrines, à quelques pas d'Inge, en observant prudemment autour de lui. Il n'est rentré dans le restaurant qu'après ces vérifications. Il était seul ; j'avais l'impression que tout était en règle. Après tout, la partie avait commencé, il fallait poursuivre.

J'ai fait signe à Inge pour qu'elle attende encore un moment dehors et je l'ai suivi à l'intérieur, où il y avait peu de monde ; il s'était installé à une table vide dans un coin. Je me suis assis à la table voisine et j'ai commandé un verre de vin.

Au bout de quelques minutes, je lui ai demandé à voix basse :

« Alors, tu l'as lu ?

— Oui, je l'ai lu.

— Et qu'en penses-tu ?

— C'est bien. Je l'ai fait lire à mes deux camarades. Ils sont d'accord aussi.

— Cela veut donc dire que vous êtes prêts à rejoindre les partisans ?

— Oui, nous y avions d'ailleurs déjà pensé il y a quelque temps, mais nous ne savions pas comment faire. Nous n'avons de contacts avec personne. Il n'y a que des flics et des Allemands autour de nous.

— Donc, on a eu de la chance tous les deux en se rencontrant, hein ? Je peux vous organiser le passage, mais il y a un hic…

— Lequel ?

— Si je te fais passer, je perds le contact avec les autres. Je ne veux pas risquer à nouveau une rencontre au hasard dans le train. Je suis content que ça se soit passé comme ça. »

Un sourire compréhensif est apparu sur son visage rond.

« Il va falloir que tu tiennes le coup ici encore un peu, ai-je poursuivi. Je vais arranger la fuite de tes camarades, mais toi tu dois d'abord te trouver un remplaçant, quelqu'un de sûr pour garder le contact. Tu comprends ?

— Je comprends, qu'est-ce qu'on y peut ? Quand est-ce que je les amène ?

— Pas si vite ! Je dois encore te dire que vous devez être très prudents pour n'éveiller aucun soupçon. N'agis qu'avec des gens que tu connais bien. Si quelqu'un voulait trahir quelque chose, on le liquide nous-mêmes ! »

Là, j'ai pris un air sérieux et j'ai exagéré nos possibilités d'action, mais il fallait aussi penser à se montrer un peu intimidant.

« On vous observe en permanence, nous avons nos gens aux alentours.

— N'aie pas peur, je suis sûr de mes camarades !

— Bien ! Un dernier point : vous devez venir avec votre armement. Nous n'avons jamais assez d'armes, chaque fusil est utile. »

Nous nous sommes mis d'accord sur un rendez-vous pour le surlendemain, dans un autre café. Là, je lui donnerais les détails sur le lieu où devaient venir ses « protégés ».

J'étais en contact avec l'agent de liaison du maquis à Longuyon. Nous avons fixé l'heure et le lieu où se ferait la première « livraison ».

Mon Russe – je ne sais pas comment il s'appelait, je m'adressais à lui simplement par un *tovarichtch*[1] – m'a joyeusement annoncé qu'il avait trouvé un autre postulant pour un changement d'incorporation.

« C'est très bien, tu fais des efforts. Est-ce que les gars peuvent se libérer des patrouilles demain ?

— J'espère. On va arranger ça.

— Très bien. Alors écoute. Tu sais où est la rue… » Il a acquiescé. C'était une rue qui débouchait dans les champs. « Demain à quatre heures, à l'endroit où elle finit par tourner derrière un grand bâtiment de ferme, un homme à nous les attendra. Il les abordera lui-même et les invitera à le suivre. Il s'occupera de tout le reste. C'est clair ? Et surtout, n'oublie pas, avec tout l'armement et surtout avec prudence ! »

1. Camarade !

Le premier passage s'est déroulé suivant le plan. Nous sommes partis avec Inge le 6 juin à Nancy pour faire part à Fernand de mes résultats et de mon expérience.

Lui aussi était satisfait. Il y avait alors un besoin urgent de combattants. Ce matin-là, les troupes alliées ont débarqué en Normandie.

L'homme en salopette

Mon prochain rendez-vous avec *tovarichtch* était prévu la semaine suivante. Quand le camp ne serait plus en état d'alerte. Bien sûr, deux rendez-vous de remplacement étaient prévus, au cas où.

Je suis parti entre-temps à Longwy, une ville proche. Je ne voulais pas rester en permanence au même endroit. Inge était venue avec moi, par mesure de sécurité et pour m'éviter tout désagrément.

Les effets de l'invasion étaient immédiatement perceptibles, même dans l'est de la France. Sur les routes et les voies de chemin de fer, des renforts pour von Rundstedt étaient acheminés.

Je n'ai pas été étonné par l'absence de *tovarichtch* au premier rendez-vous.

Il était de service et n'avait pas pu se libérer, m'a-t-il dit en venant le jour suivant.

« Ça a été terrible, m'a-t-il confié. Les Allemands étaient comme fous, on a eu quatre jours d'interdiction de sortie. Et avec le débarquement en plus, ils ont déclaré l'état d'alerte. On a maintenant un régime strict. Malgré ça, j'en ai trouvé deux autres ! »

Ses yeux brillaient de joie. C'était en fait un gentil garçon de la campagne, Dieu sait comment il avait abouti là. Ils avaient dû l'appâter dans un camp de prisonniers.

« L'un d'eux est prêt à me remplacer. Je veux dire qu'il serait en contact avec vous à ma place. Vous pouvez lui faire confiance, on se connaissait déjà dans mon village. J'aimerais bien passer moi aussi de l'autre côté. Si ça pouvait se faire… »

Je lui ai promis que, si son camarade était prêt à le remplacer, il pourrait rejoindre le maquis à la prochaine occasion. J'ai convenu d'un relais avec les Français et quelques jours après, il était dans le maquis. Qui sait quel a été son destin. A-t-il survécu à la guerre ? Est-il rentré chez lui ? A-t-il vécu des jours meilleurs ?

J'ai pris contact avec son ami. À la différence de son prédécesseur, c'était un garçon haut et maigre. Et lui aussi était fiable. Nous avons continué ainsi plusieurs semaines sans problème. Ces camps n'avaient pas encore été fermés par les Allemands.

Nous organisions deux ou trois passages avant de changer d'intermédiaire. Il y avait une demande conséquente. Fin juillet, nous avions ainsi transféré une trentaine de Russes vers les maquis.

Après la guerre, j'ai appris par mes camarades français que cette unité russe s'était bien comportée. Ils combattaient dans les Vosges ; ils se sont fait connaître en arrêtant un général allemand, accompagné de deux officiers, en tournée d'inspection. Le général a été fusillé et les véhicules jetés dans le ravin.

*

* *

Fin juillet, nous avons dû prolonger les intervalles entre chaque passage. Les mesures de sécurité prises par les Allemands étaient plus nombreuses, proportionnellement au nombre de désertions. Les alentours du camp et Longuyon même se sont remplis d'uniformes et de surveillants sans uniforme.

Les risques augmentaient. Inge m'incitait aussi à la prudence ; j'en faisais trop ; avec mon zèle, j'étais certainement repéré. Je devais décrocher pour un moment. Elle se sentait responsable de ma sécurité. Mais j'avais l'impression que ce n'était pas, de sa part, une préoccupation uniquement « administrative »...

Début août, j'avais de nouveau rendez-vous avec mon « recruteur » ; je ne me souviens plus le combientième c'était. Nous étions assis ensemble à une table et nous nous mettions d'accord sur l'opération suivante. Je lui ai transmis également les dernières informations du front : les Anglais et les Américains menaient une bataille décisive en Normandie, les Soviétiques avançaient en Pologne et en Roumanie.

À peine terminé, et mon compagnon reparti, un homme en salopette s'est levé à la table voisine, manifestement un ouvrier, et m'a demandé s'il pouvait se joindre à moi.

« Mais bien sûr, avec plaisir, la place est libre.

— Je vous remercie. »

Il a apporté, de sa table, une tasse de thé. Nous avons bu un moment en silence. Je réfléchissais à la conversation qui venait de s'achever. Les soldats russes avaient de plus en plus le désir de passer dans le maquis. Mon informateur m'avait même dit qu'il avait en tête la liste de tous les candidats et qu'il n'était pas possible de les satisfaire tous. Mais nous ne pouvions pas nous permettre d'élargir notre action. Inge avait raison, nous jouions avec le feu. Mais c'était souvent ainsi dans la Résistance, la flamme que nous allumions pouvait également nous brûler.

J'ai terminé mon verre de vin habituel et je me suis apprêté à régler.

Mon voisin s'est soudainement manifesté.

« Attendez un moment, monsieur, et il m'a fait signe de la main de ranger mon porte-monnaie.

— Pourquoi ? »

Je l'ai dévisagé d'un air étonné, l'évaluant du regard. Il n'avait pas l'air suspect, mais c'est justement ce qui pouvait être suspect...

« Je voudrais vous parler de quelque chose.

— Ah bon, et de quoi ?

— Je voudrais vous avertir que vous êtes suivi depuis un certain temps et que nous connaissons parfaitement vos activités. »

J'ai essayé un sourire crispé.

« De quelles activités vous parlez ?

— Écoutez monsieur, on ne va pas jouer à cache-cache, vous savez parfaitement de quoi je parle : les disparitions mystérieuses de soldats russes.

— Je n'ai rien à voir avec ça. Et d'ailleurs, qui êtes-vous ? »

Pour toute réponse, il a sorti une carte d'identité de la poche de sa veste et me l'a tendue.

« Je vous en prie. »

C'était un document du service de la police secrète française. La cage s'était refermée plus tôt que je ne le pensais. À présent, il allait sortir son pistolet et me menotter. Inge était comme toujours assise dans le coin opposé. Soudain, je ne voyais plus qu'elle. Pétrifiée, elle observait notre table.

Mais mon voisin n'a pas sorti son pistolet et ne m'a pas menotté. Mécaniquement, je lui ai rendu son document. Il l'a glissé dans la poche de sa veste et est resté assis. Lui aussi regardait quelque part dans la salle et mélangeait d'un air absent le reste de sa boisson avec une petite cuillère. Je sentais que j'étais sur le point de perdre mes nerfs.

« Vous avez lu ? m'a-t-il demandé au bout d'un moment, comme en passant.

— Oui, je vais vous suivre sans faire d'histoires. Vous n'avez pas besoin d'appeler vos collègues.

— Calmez-vous, monsieur, je suis seul, je n'ai pas de collègues dans la salle. Et je n'ai pas l'intention de vous arrêter. Je suis venu vous prévenir. »

Là, mes nerfs me lâchaient. J'ai essayé en vain d'allumer une cigarette avec mes mains tremblantes. Mon voisin m'a aidé avec son propre briquet. Pendant un instant, je fus incapable de réfléchir. Mes idées étaient complètement embrouillées dans ma tête. Pour la deuxième fois une chose pareille, dans une période si courte… Le hasard ? Sûrement. Dans tous les cas, si ce n'était pas arrivé, je n'aurais pas pu écrire ces souvenirs.

« Remerciez Dieu que la libération de la France approche. Beaucoup de nos hommes ne sont plus aussi zélés dans leur travail, a poursuivi l'homme en salopette. Mais malgré cela, je vous conseille de disparaître avant que les Allemands ne vous prennent. Avec eux, ce n'est toujours pas de la rigolade. »

« Disparaissez au plus vite »… J'avais déjà entendu ces paroles… Cette fois-ci non plus, il n'y avait rien à ajouter. Je n'ai réussi qu'à serrer la main de mon interlocuteur, marmonner quelque chose sur le patriotisme et dire merci. Et j'ai écouté son conseil.

Inge m'a rejoint dehors. Je lui ai raconté en marchant ce qui venait de se produire. Elle me tenait convulsivement la manche. L'après-midi, nous étions tous les deux dans le train pour Nancy.

Nous avons rencontré chez Fernand un autre membre de la direction locale : le Bulgare Botev. Quand j'ai eu fini de raconter les faits, ils ont réfléchi un moment.

« Ce gars dans le restaurant, est-ce qu'il était plutôt petit, un peu fort, avec des cheveux bruns coiffés en brosse ?

— Je crois, oui.

— Et est-ce qu'il avait une dent en argent devant ?

— Oui, ça, je m'en suis aperçu. »

Fernand et Botev ont souri.

« Tu as vraiment eu de la chance. C'était Louis, un type correct qui travaille avec nous. Que veux-tu faire maintenant ?

— Je vais retourner à Paris, quoi d'autre ? Je dois d'ailleurs faire tamponner ma carte d'identité, sinon elle ne restera valable que jusqu'au milieu du mois. Je verrai avec la direction. Ils auront peut-être besoin de moi là-bas. »

Ils étaient d'accord. Cette fois c'étaient eux qui me remerciaient. Ils m'ont donné une adresse où aller à Paris. Nous nous sommes dit au revoir chaleureusement, un peu plus longuement avec Inge. Nous avons même échangé un baiser. Purement amical, il va de soi.

Je ne sais toujours pas comment est la place Stanislas.

(J'ai rencontré Inge à la fin de cette année-là à Paris au Comité international des réfugiés où nous travaillions tous les deux. Elle m'a demandé, avec une légère ironie, si tous les Tchécoslovaques étaient aussi puritains que moi. J'ai essayé de défendre la réputation des Tchécoslovaques, tout au moins verbalement...)

La dernière bataille

Paris était encore calme, le calme avant la tempête. Les combattants des environs et au-delà se concentraient là. Par l'intermédiaire de la direction internationale, j'avais repris contact avec le groupe tchécoslovaque. Avec Otakar Hromádko, Antonín Svoboda, Rudolf Bukáček, Štefan Švec et d'autres. Les instructions étaient : « Patiente, ça va bientôt commencer ici et tu nous aideras ! »

Je n'ai pas vu Isabel, Consuelo et Régine. Elles étaient parties dans la Creuse. Il y avait près d'Aubusson un petit château que les organisations clandestines avaient loué pour y cacher et soigner des enfants, la plupart d'origine juive, bien entendu sous de faux noms.

Le samedi 19 août 1944, Paris a pris les armes contre l'occupant.

Nous avions prévu depuis plusieurs jours, avec les nôtres, que notre première mission serait la libération et la mise en sécurité des bâtiments tchécoslovaques à Paris. Le consulat de la rue Hamelin près du Trocadéro, l'ambassade de l'avenue Charles-Floquet près de l'École militaire, la maison de Masaryk, au 18 de la rue Bonaparte.

Nous sortions progressivement de la clandestinité, les contacts se maintenaient plus facilement. L'appareil répressif nazi était paralysé et la police française ne savait pas quel parti prendre. Ou plutôt, elle le savait, mais elle ne savait pas quand. La préoccupation principale était toujours les armes ; nous ouvrions des cachettes secrètes, nous déterrions des caisses. Il fallait avant tout prendre les armes là où elles étaient disponibles en abondance, chez les Allemands. Leurs forces principales se concentraient place de la Concorde. Certains individus isolés jetaient leurs fusils ou pistolets ou bien les donnaient volontairement dès que nous les demandions. D'autres devaient être convaincus d'une façon plus énergique !

Dès le premier jour du soulèvement, nous étions une dizaine à nous rendre rue Bonaparte. Je ne les connaissais pas, mais ils parlaient tchèque ou slovaque entre eux et l'un d'eux portait un drapeau tchécoslovaque. Nous étions armés, j'avais un fusil et un pistolet, certains avaient même des grenades à la ceinture. Le bâtiment était vide, il n'y a pas eu de combats. Quelqu'un nous a simplement tirés dessus depuis la maison d'en face, mais nous lui avons vite imposé le silence avec quelques coups de feu. Les gars ont suspendu le drapeau à une fenêtre et installé un gardien à l'entrée.

Nous nous sommes dépêchés de rejoindre l'avenue Charles-Floquet, où tout s'est également déroulé sans heurt. D'après les informations que nous avions reçues, nos interventions sur les autres objectifs n'étaient plus nécessaires. J'ai lu ensuite dans le journal que « les unités tchécoslovaques ont libéré leur territoire souverain à Paris sans aucune perte ». La presse aime bien l'exagération ; la réalité était plus prosaïque.

Le lendemain, les choses sérieuses ont commencé. Le samedi soir, plus de la moitié de la ville était aux mains des insurgés. Les Allemands tenaient les points stratégiques : la Concorde, le Champs de Mars et l'École militaire, la caserne du Prince Eugène, le Sénat, l'hôtel Majestic, l'Opéra, la centrale téléphonique et quelques autres objectifs, ainsi que tous les ponts de la Seine. Le dimanche, de violents combats ont éclaté dans le centre-ville.

Comme cela s'est produit plus tard à Prague, des centaines de barricades ont été élevées dans

Paris. Avec des arbres abattus, des autobus renversés, des poubelles, des traverses, des coffres, des sacs de sable et des pavés. Les Allemands attaquaient les positions des insurgés avec des tanks et des véhicules blindés afin de garder le contact entre eux. Les Parisiens affrontaient les canons et les mitrailleuses avec des fusils, des grenades et des cocktails Molotov.

J'ai été affecté à la défense d'une barricade qui barrait la rue de Rivoli près de l'Hôtel de Ville. Le commandement FFI s'efforçait d'isoler les Allemands et de les empêcher d'effectuer des raids dans les rues de Paris. Notre tâche consistait à bloquer les unités ennemies place de la Concorde. La rue de Rivoli est une large avenue rectiligne, comme construite pour un véhicule d'attaque qui pouvait tirer plus loin que ne portaient nos propres armes.

Dès le matin, nous avons bien transpiré. Les patrouilles avancées vers le Louvre ont annoncé que trois véhicules blindés étaient partis des Tuileries dans notre direction : deux véhicules de transport et un char. Nous étions quarante à cinquante sur cette barricade, avec un agent de liaison et un ambulancier. Notre commandant était un cheminot français, ou tout au moins il était arrivé avec une casquette de cheminot qu'il n'a échangée contre un casque qu'au début des combats. Tous ceux qui le pouvaient se sont saisis d'une arme. Ou bien, pour dire mieux, tous ceux qui avaient une arme s'en sont saisis. Les trois monstres qui avançaient vers nous étaient un gros morceau.

Nous ne pouvions les affronter que de près. De loin, nous étions impuissants. Le commandant nous a donné l'ordre de les prendre à revers par des rues latérales. Mais c'était également au-dessus de nos forces. Nous ne savions même pas combien il y avait de soldats ennemis dans ces véhicules.

Un groupe d'hommes, armé de grenades et de cocktails Molotov, a quitté notre barricade. Je suis resté avec les autres pour attirer l'attention des Allemands et défendre la barricade contre une attaque directe.

Le souffle coupé, nous avons observé l'avancée des colosses. Les deux véhicules ont tourné vers la Seine place du Châtelet, probablement pour renforcer la garnison sur le pont. En revanche, le char a poursuivi quelques dizaines de mètres dans notre direction et a tiré.

L'obus est tombé en plein milieu de la barricade. Des fragments de métal et de pierre ont sifflé dans l'air. Deux de nos gars sont restés allongés, immobiles.

Nous avons répondu par un tir nourri pour montrer que nous étions encore vivants. Il ne restait que deux possibilités pour nous en sortir sains et saufs : que le char n'ait pas assez de munitions, ou que notre unité mobile attaque avec succès. Mais comment... ?

Le char a tout de suite balayé la première éventualité. Dès qu'il a compris qu'on ne pouvait pas l'atteindre depuis la barricade, il s'est davantage rapproché et a tiré de nouveau. Des cris d'effroi et de douleur se sont mêlés au bruit d'un coup de feu. J'étais allongé derrière une solide poutre métallique. Des éclats et des fragments de pavés tambourinaient sur mon casque. Combien de tirs semblables pouvait-on encore supporter ? Le commandant a décidé que nous resterions sur place jusqu'à la dernière cartouche.

Nous tirions sur le char avec nos fusils et nos pistolets-mitrailleurs lorsqu'il s'est mis tout d'un coup à reculer. Qu'est-ce que cela voulait bien dire ? Il ne reculait certainement pas à cause de nos tirs. Nous n'avons pas attendu longtemps pour connaître la vraie raison. Plusieurs silhouettes sont sorties d'une ruelle latérale. Malgré les tirs provenant de la mitrailleuse de la tourelle, elles se sont rapprochées du char et ont jeté des grenades et des cocktails Molotov sur la partie motrice et les chenilles. Le colosse a viré brutalement et des flammes en ont jailli.

« Hourra ! On a réussi ! » Nous exultions comme des gamins. J'ai grimpé avec d'autres par-dessus la barricade et couru vers le lieu de l'exploit. Une fumée noire, épaisse, sortait du char. Deux hommes ont réussi à en sortir. Les mains levées, sales et en uniformes déchirés, ils ont été escortés par les nôtres. Trois de nos combattants ont perdu du sang sur le trottoir. Nos ambulanciers les ont rapidement mis à l'abri.

Des véhicules allemands se sont encore montrés plusieurs fois, ce jour-là. Mais toujours en restant à distance et sans oser attaquer. Ils manquaient certainement de munitions.

Certains de nos gars, encouragés par ce succès, se sont eux aussi préparés à attaquer. Ils voulaient même aller place de la Concorde, soi-disant pour récupérer des armes. Il nous a fallu calmer ces têtes brûlées, car c'était un suicide assuré. Pour le moment, nous nous contentions du fait que les Allemands ne s'éparpillaient pas trop. Nous manquions d'armes pour faire plus.

Nous tenions nos positions et attendions, impatients, l'arrivée des Alliés. Il se disait que l'armée de Leclerc formait l'avant-garde et devrait être la première à atteindre la capitale.

*

* *

Les jours suivants j'ai été appelé à une autre tâche.

Les Allemands se limitaient maintenant à leur seule défense, se regroupant sur de vastes espaces. Un nouveau danger apparaissait pour les insurgés : les ennemis français issus des rangs des collaborateurs et des pétainistes. À la douzième heure, ces derniers essayaient de se trouver des alibis, mais ils ne combattaient pas que les Allemands ; ils combattaient aussi les forces populaires. Pour eux, tout franc-tireur, tout FFI était simplement un bolchevique.

Par groupes de deux ou trois, nous pourchassions ces tireurs perfides. Ils se cachaient dans des appartements, des caves ou sur des toits. J'ai ainsi fait appel à Paris à mes expériences passées de Belchite et Quinto.

Nous étions en train de ratisser des pâtés de maisons autour du boulevard Saint-Germain.

J'étais avec deux Français, l'un, jeune et portant des lunettes, était probablement un étudiant, l'autre était d'âge et de profession incertains.

Nous sommes rentrés dans une cour pour nous reposer et fumer une cigarette. Nous avions déjà escaladé plusieurs toits et monté autant de marches qu'il y en a probablement sur la tour Eiffel. Nous nous sommes assis dans un coin sur des caisses vides.

Bang ! Bang !

En un instant nous étions couchés à terre, derrière les caisses.

« Là-bas, regardez ! Là, cette fenêtre ! »

L'étudiant a désigné une fenêtre au cinquième étage. Il y avait encore un petit nuage blanc au-dessus de l'encadrement de la fenêtre. Je me suis d'abord adressé à notre troisième compagnon :

« Reste ici et souviens-toi bien de cette fenêtre. »

Puis je me suis adressé à l'étudiant : « Nous, on va empêcher ce petit oiseau de s'envoler. Viens vite ! »

Nous sommes montés en courant. Là-haut, une vieille dame en robe de chambre nous a ouvert. Elle avait des bigoudis sur la tête.

« Vous désirez, messieurs ?

— Il y a un saboteur dans votre appartement, madame. Il nous a tiré dessus depuis la fenêtre. »

Je parlais de façon saccadée, je n'avais pas encore récupéré mon souffle.

« Mais c'est certainement une erreur, messieurs, je suis seule à la maison. Et puis, jamais je ne toucherais quelque chose qui tire. C'est peut-être depuis l'appartement d'à côté ? »

A priori, nous étions au bon endroit.

« Peut-on vérifier ?

— Bien sûr, entrez, je vous en prie. »

L'appartement était effectivement vide, et cette femme n'avait pas l'air d'une Amazone. Je me suis approché de la fenêtre et penché au-dehors. Notre camarade faisait depuis la cour des signes d'approbations.

J'ai déclaré de façon résolue : « C'était depuis cette fenêtre ! Qui a tiré ? »

L'étudiant était en face, le fusil pointé. La femme, angoissée, se tordait les mains.

« Je ne sais vraiment pas, messieurs ! Je vous dis que je suis seule, il n'y a personne ici. Ayez quelques égards pour une femme ! Vous, monsieur, vous n'êtes sûrement pas français. »

Ça, c'était pour moi.

« Vous avez raison, madame. Je ne suis pas français. Mais je peux vous assurer que je suis meilleur patriote que celui qui voulait nous tuer. »

J'ai regardé autour de moi. Une chambre meublée à l'ancienne. Une tête et un pied de lit en bois sculpté, deux fauteuils usés, une petite table, une armoire bombée qui s'écaillait. Sur les murs, de nombreuses photos et des diplômes. Je me suis approché à nouveau de la fenêtre et là, j'ai marché sur quelque chose. Je me suis baissé et j'ai ramassé une douille vide. Une autre était à côté. Les deux sentaient la poudre brûlée.

« Et ça, c'est quoi, madame ? (Je lui ai montré les deux cartouches.) Venez sentir, elles sont toutes chaudes ! »

La vieille femme s'est assise et a commencé à sangloter.

« Viens, on fouille l'appartement. »

Nous avons commencé par le lit. Rien dessous, ni sous les couvertures. Mais quand nous avons ouvert l'armoire, un gars en est tombé. Pâle, un fusil vide à la main.

« Allez, on y va ! »

Les rôles avaient changé. Maintenant c'était nous qui emmenions... Nous avons laissé la femme et remis l'homme aux FFI en bas. Une foule importante s'est formée et je crains qu'ils ne l'aient pas traité selon la Convention de Genève.

J'ai d'ailleurs été témoin, surtout les jours suivants, de nombreuses scènes où on traînait les collaborateurs dans les rues. La foule préférait d'ailleurs s'en prendre aux femmes dont on disait qu'elles avaient eu une aventure avec des occupants. On leur rasait la tête qu'on recouvrait ensuite d'une peinture rouge. Je comprenais la colère de la foule contre les collabos et les vendus, mais nous, nous ne faisions pas ça ! On trouve toujours dans de tels soulèvements des gens qui ne règlent leurs comptes que lorsque l'autre est sans défense. Qui trouvent ainsi le moyen d'exprimer leurs passions et instincts cachés. Les lois de la guerre et des révolutions sont implacables, sans pitié.

Nous n'avions ce jour-là pas d'autre possibilité. L'armée régulière n'était pas encore en ville et nous ne pouvions pas nous encombrer de prisonniers. Nous nous sommes rapidement éloignés de la foule déchaînée et nous avons repris la fouille des pâtés de maisons.

Nous avons dû rapidement abandonner, car il y avait de plus en plus de gens armés dans la rue si bien qu'il était impossible de distinguer les amis des ennemis. Plus la ville se libérait, plus les gens se procuraient des armes et plus la ville était animée.

Le jeudi 24 août après-midi, les premiers chars de la division Leclerc rentraient dans Paris.

Le parfum des Champs-Élysées

Il y avait bien dix à douze mille Allemands place de la Concorde. Ils se serraient là, non seulement avec toutes leurs armes et tous leurs véhicules, mais aussi avec tous leurs biens. C'était un spectacle bizarre, avec des tas de valises, sacs à dos et coffres entassés entre les canons et les tanks. Les voitures et les camions étaient bourrés de vêtements, de linge, de vivres et même de tapis et de quelques meubles. Le commandement hitlérien refusait de se rendre à l'armée intérieure française. Les FFI ne portaient pas d'uniforme, juste un brassard et des insignes. Pour les généraux allemands, ils restaient des civils, ce qui leur faisait probablement craindre pour leur statut de prisonnier de guerre.

Le vendredi 25 août au matin, les forces principales de la division Leclerc sont rentrées dans Paris, suivies de près par la 4e division américaine.

Les gens dansaient dans les rues, s'embrassaient et embrassaient les soldats alliés en leur lançant des fleurs. Ils chantaient *La Marseillaise* en démontant les barricades.

Un acte de capitulation s'est déroulé place de la Concorde. Une table avait été apportée : d'un côté se sont assis les Allemands, de l'autre des officiers de Leclerc. Les soldats allemands entassaient leurs armes et munitions.

Je pense que tout ne se passait cependant pas comme les deux camps l'avaient prévu. Les prisonniers allemands étaient emmenés par des FFI et la foule se précipitait sur les coffres et les valises.

Quelques minutes plus tard, la place semblait avoir été traversée par une tornade. Chaussures, chaussettes, pulls, casseroles, conserves, bérets, manteaux, tapis persans étaient disséminés sur les pavés dans un mélange désordonné à côté des pistolets, des mitrailleuses et de leurs munitions. Je n'avais pas particulièrement envie d'enfiler le caleçon d'un SS, mais nous devions sauver les armes coûte que coûte. Nous avons rapidement organisé un service d'enlèvement, chargé ce que nous pouvions emporter dans des camions et transporté le tout dans notre maison rue Bonaparte. Nous y avions enfermé dans la cave une douzaine d'Allemands, dont un officier. Celui-ci avait enlevé tous ses insignes, mais en vain : ses propres soldats l'avaient dénoncé. Nous les avons tous remis aux Français.

Le général de Gaulle parcourait les avenues principales, cet après-midi-là. Les Parisiens lui avaient préparé un accueil triomphal. J'étais devant le Grand Palais, mais je n'ai vu que son képi. Et encore, parce qu'il était grand.

Je me suis dirigé vers l'autre rive par le pont du Carrousel, où j'ai failli être écrasé par la foule qui rentrait chez elle.

À ce moment-là, des coups de feu ont éclaté en provenance du Louvre et ont provoqué une énorme panique. J'ai dû courir avec la foule sur les quais. Certains se sont même jetés à l'eau. Je ne sais pas combien de personnes ont été écrasées ou se sont noyées.

Ce sont les derniers coups de feu de la Seconde Guerre mondiale que j'ai entendus, ma dernière impression de la guerre.

*

* *

En fin de journée, j'ai remonté les Champs-Élysées. Je pensais à mes voyages en Espagne et en France ; à ce que j'avais vécu depuis, aux nombreuses fois où j'avais regardé la mort en face et où j'avais été sauvé par le hasard, la chance, et parfois aussi par des actes résolus et courageux.

Mais pour moi, c'est vraiment la chance qui a dû jouer le plus grand rôle. D'autres étaient tout aussi courageux, et même plus, mais au moment décisif la « fortune » n'était pas à leur côté.

Oui. À Wesseling, un ingénieur allemand aurait pu choisir de ne pas me mettre en garde au dernier moment, un médecin français aurait pu me trahir, un juge sans barbichette aurait pu tranquillement me remettre aux Allemands, un agent de la police secrète à Longuyon aurait pu ne travailler que pour un seul camp...

Oui, tout cela aurait pu arriver ou ne pas arriver.

Ce qui est certain, c'est que si, à Quinto ou Belchite, j'avais tiré une fraction de seconde trop tard, si plus tard, je n'avais pas brisé les parois du wagon de déportation, si j'avais flanché lors des interrogatoires...

Si, si... Ce ne sont que des hypothèses. Une seule réalisation parmi un millier de destins tout aussi probables, peut-être même encore plus probables.

Je n'imaginais pas alors combien de mes amis, de mes compagnons, de mes parents étaient morts aux mains de la Gestapo, dans les prisons, dans les camps de concentration et d'extermination.

À chaque danger, j'ai craint de ne pas survivre. Je ne m'accordais pas de grand espoir de rester en vie. Le fait de m'en être tiré me semble d'autant plus incroyable. La mort est toujours arrivée en retard à nos rendez-vous.

Pourquoi précisément aux rendez-vous avec moi, je ne peux vraiment pas le dire…

Notes biographiques de résistants tchécoslovaques proches de Salomon Ickovič

Rudolf Bukáček (1912- ?)

Il s'engage en 1937 dans les Brigades internationales. Membre du bataillon Masaryk, il a le rang de capitaine.

Interné dans les camps de Saint-Cyprien puis de Gurs après la défaite de la République espagnole, il s'évade et rejoint la Résistance FTP-MOI à Paris.

À son retour en Tchécoslovaquie en 1945, il travaille dans les bureaux de la StB (Sûreté de l'État) à Brno. Plus tard il rejoint le ministère de l'Intérieur à Prague, puis celui des Affaires étrangères où il est le responsable du courrier diplomatique.

Renvoyé en 1951, il trouve un emploi d'ouvrier dans des aciéries à Kladno, puis à Moravský Beroun.

Merci à M. Jaroslav Bouček pour ces renseignements.

Ladislav Holdoš (1911-1988)
(Pedro, Pierre Kaliarik)

Engagé en octobre 1936 dans les Brigades internationales, il est commissaire politique, commandant de la batterie « Gottwald ». Il est interné à Alger puis à Gurs à la suite de la défaite républicaine.

En 1939 il s'engage dans l'armée tchécoslovaque à l'étranger. Après la défaite française, il rejoint la Résistance, d'abord à Marseille, puis dans les FTP-MOI à Paris, où il est membre du triangle de direction de la section tchécoslovaque. En 1942, il devient membre de l'Organisation spéciale, responsable national des cadres FTP-MOI. Arrêté en février 1943, il est déporté à Buchenwald.

Rentré en Tchécoslovaquie en 1945, il devient membre de l'Assemblée nationale et du présidium du comité central du Parti communiste tchécoslovaque, ainsi que secrétaire d'État aux Cultes en Slovaquie (1950-1951). Il est arrêté en février 1951, et condamné à treize ans de prison en 1954. Libéré en 1957, il est réhabilité en 1963.

En novembre 1969, il est nommé ambassadeur à Cuba, d'où il est rappelé onze mois après, renvoyé du ministère des Affaires étrangères, exclu du parti et mis d'office à la retraite.

Il est surveillé par la police politique jusqu'à sa mort.

Otakar Hromádko (1909-1983) *(Horník)*

Il adhère aux Jeunesses communistes en 1928. En 1937, il s'engage dans les Brigades internationales et combat dans le bataillon Masaryk jusqu'en 1939.

Après la défaite de la République espagnole, il se réfugie en France et il est interné dans les camps de Saint-Cyprien, Gurs, puis du Vernet. Il s'évade en juillet 1941, en compagnie d'Alik Neuer, d'un convoi en direction de l'Allemagne et participe à la création du groupe de résistants FTP-MOI tchécoslovaques à Paris. À partir de 1943, capitaine FFI, il est un des responsables des groupes internationaux de la Résistance.

De retour en Tchécoslovaquie en juillet 1945, il occupe diverses fonctions dans le PCT. En 1949, il est nommé secrétaire général des organisations communistes dans l'armée.

Arrêté en 1951, il est condamné en 1954 à douze ans de prison. Libéré en avril 1956, il est ensuite réhabilité. Il émigre en Suisse en 1968 après l'occupation soviétique de la Tchécoslovaquie.

Antonín Svoboda (1912-?)

Il adhère au PCT en 1932 et combat dans les Brigades internationales de 1937 à 1939. Après la défaite de la République espagnole, il se réfugie en France et est interné dans les camps de Saint-Cyprien puis de Gurs. Il s'engage dans l'armée tchécoslovaque à l'étranger et il rejoint la Résistance à Paris en 1940 après l'armistice. De 1942 à 1943 puis de 1944 à août 1945, il est responsable du groupe tchécoslovaque FTP-MOI.

Il rentre en Tchécoslovaquie en 1945 où il est nommé secrétaire régional du PCT à Karlovy Vary. Il est ensuite nommé, à partir de 1947, dans l'appareil du comité central du PCT où il est responsable de la conscription de 1948 à 1950. Élevé au grade de sous-colonel en 1950, il fréquente l'Académie militaire à Prague.

Arrêté en février 1951, condamné à quatorze ans de prison en avril 1954, il est libéré en avril 1956 puis réhabilité.

Osvald Závodský (1910-1954)

Il adhère aux Jeunesses communistes en 1936 puis s'engage dans les Brigades internationales. Il participe aux combats et est commissaire politique du bataillon Masaryk.

Après la défaite de la République espagnole, il est interné en France dans les camps d'Argelès et de Gurs. Il s'engage dans l'armée tchécoslovaque à l'étranger et rejoint la Résistance après la défaite française. Il combat d'abord à Marseille, puis à Paris dans les rangs de la FTP-MOI. Arrêté en décembre 1942, il est déporté à Mauthausen en août 1943.

Après son retour en Tchécoslovaquie en 1945, il travaille dans l'appareil du PCT. Colonel de la StB (Sûreté de l'État) en 1949, il en devient le responsable en 1950.

Arrêté en janvier 1951, il est condamné à mort en décembre 1953 et exécuté le 19 mars 1954. Il est réhabilité en 1963.

Table

TROISIÈME PARTIE
Le front secret

QUATRIÈME PARTIE
Aux mains de la Gestapo

CINQUIÈME PARTIE
La roue de la fortune

Table

SIXIÈME PARTIE

L'Arc de Triomphe

Imprimé en France par CPI
en septembre 2024

NORD COMPO
multimédia

Composition et mise en pages
Nord Compo à Villeneuve-d'Ascq

Dépôt légal : octobre 2024
N° d'édition : 639986-0
N° d'impression : 180879